東京多磨霊園物語

時代を彩ったあの人びとに出会う

立元幸治

明石書店

はじめに

東京西郊の、いまだ武蔵野の面影を残すあたりに、日本最初の公園墓地で、広大な規模を誇る公営の霊園があります。「多磨霊園」と呼ばれるこの霊園は、東京都府中市と小金井市の両市に跨《また》がる、広さ凡《およ》そ百二十八ヘクタール、東京ドーム二十八個が入る広さを持ち、五十万人の御霊《みたま》が眠っています。

その広さもさることながら、この霊園は武蔵野の原風景を色濃く残し、樹齢を誇る巨木と見事な植栽に恵まれ、墓地というより、文字通り公園といってもいい雰囲気を漂わせています。

この霊園の近くに住む私には、この地が格好の散策のコースとなり、四季折々の風景を楽しみながら歩くのが、何よりの喜びとなっています。咲き競う春の多彩な花々、鮮やかな夏の新緑、樹々たちが装う錦秋の情趣、そして落葉した冬の巨樹が見せる孤高の姿、そうした風景の生み出す自然の造形美には、飽くことなく人を魅《ひ》き付ける不思議な力があるように思います。

この霊園を歩くもう一つの楽しみは、ここに眠っている有名無名の多くの人たちと語り合いながら歩くことです。ここには、私たちに馴染《なじ》みの深い政治、経済、社会、文化、芸術、芸能などそれぞれの分野で、時代を創り、世相を彩った人たちが数多く眠っています。

はじめは、それぞれの墓碑を一つずつ訪ねる懐かしさと喜びが中心でしたが、文献や資料を調べていくと、これらの人びとの間に意外な関係やつながりがあることに気づかされ、また、ある切り口やテーマで二人の人を結ぶことにより、それぞれの人たちの、それまで見えてこなかったもう一つの貌《かお》やその生きた姿が見えてくるようになりました。

たとえばテレビドラマの「水戸黄門」の初代と二代目を演じた東野英治郎と西村晃、それぞれをめぐる秘話、同じくテレビの人気アニメの「ムーミン」と「ルパン三世」を演じた岸田今日子と山田康雄がそれぞれほど近いところに眠り、同じくともにこの霊園に眠る、漫画「のらくろ」の作者田河水泡と「サザエさん」の作者長谷川町子が師弟関係にあること、そして田河水泡の義兄にあたる評論家の小林秀雄が田河について興味深い話を語っている言葉にも出会いました。

俳優岸田今日子と作家三島由紀夫、そして指揮者斎藤秀雄とのかかわりやそのエピソードにも、興味を覚えました。もちろん三人とも、この地に眠っています。

ともに連合艦隊司令長官を務めた東郷平八郎と山本五十六の墓は隣接し、広さも墓の形も石質もまったく同じもので、その相並び建つ威容は、時代を偲《しの》ばせるものでした。一方、それから少し足を延ばすと、はるか遠い異国の地で、若くして戦場に歿した多くの無名の兵士たちの墓がありました。

また、二・二六事件で殺害された高橋是清蔵相や斎藤実内大臣、危うく難を逃れた岡田啓介首相、そして叛乱《はんらん》部隊で首相官邸襲撃の指揮官を務め、死刑に処せられた林八郎陸軍少尉の墓もあり、それぞれの距離の近さにも驚かされました。

内村鑑三と新渡戸稲造は、ともにクラークの札幌農学校の二期生で、かつて東大の名総長として知られた南原繁と矢内原忠雄は、この二人の薫陶を深く受けており、同じ霊園のほど近くに眠るこの四人の関係と交流にも興味深いものがありました。

さらに、同じくこの霊園に眠る吉川英治と徳川夢声との深いかかわり、小澤征爾の師匠であり、サイトウ・キネン・オーケストラで知られる指揮者斎藤秀雄が、音楽を深く解釈するために徳川夢声の話芸に学ぶべきことを語っていること、叙情歌や童謡などの多くの共作を遺《のこ》した詩人北原白秋と作曲家中山晋平とのかかわり、晋平の語った北原白秋、野口雨情、西条八十論にも深い興味を覚えました。

そしてまた、宮崎駿監督の五年ぶりの新作『風立ちぬ』の下敷きとなった名作を遺した堀辰雄の墓と、この映画の主人公で旧日本海軍の代表的戦闘機「零戦」の開発者・堀越二郎の墓に、同じこの霊園で出会ったのも奇遇でした。また、この海軍の「零戦」に対比される戦闘機である、陸軍の「隼」を開発した「中島飛行機」の創業者中島知久平の墓が堀越二郎の墓の南側にあり、堀越の墓から逆に北へ辿ると、その「隼」を駆使して、太平洋戦争開戦当初勇名を馳《は》せた「加藤隼戦闘隊」を率いた加藤建夫の墓に出会いました。あらためて、時代を映すこの霊園の奥の深さを感じる思いがしました。

以上はほんのいくつかの例に過ぎませんが、この霊園に見られる、こうした人と人との関係やテーマや切り口の発見が、それぞれの墓碑を訪ねるもう一つの大きな喜びとなりました。そして、そうした切り口やテーマに即して、その人たちが遺した著作や作品にあらためて目を通すとき、新たな発見と知的な興奮に誘われることともなりました。同時に、ここに眠る人たちの生きた姿とともに、その逝き方について調べていくと、そこにもそれぞれの独自のかたちがあり、それを追悼する言葉にも深い感動を呼ぶものがありました。

また、そうしたテーマを並べていくと、そこにこの人たちが生き、そして創り上げてきた一つの時代や世相が鮮やかに見えてくるように思えたのです。それは一つのシンボリックな霊園を通して見た、あるいはそれを切り口とした、この国の近代史、その精神史を尋ねる旅ともなりました。

お墓は故人が眠る場所ですが、同時にその人の生きた姿や生きた時代と出会う場所でもあります。つまり、それは時代や世相の証言者でもあるのです。同時にそれは、私たちそれぞれが自分の生きてきた時代に出会い、その若き日の自身に出会う場所でもあることに気づかされました。

それは、お墓を「巡る」楽しみから、「知る」悦《よろこ》びへ、といっていいかもしれません。

そんな対話と思索の旅は、この喧騒《けんそう》に満ちた日常から半歩踏み出す、得がたい時間を提供してくれることになります。

いま、「昭和」に対する関心が高まっています。この霊園探訪が、あらためて昭和という時代を見つめなおし、自分たちが生きてきた時代を振り返る契機ともなれば、それは筆者にとって望外の喜びであります。

そして、できればこの霊園を一度訪れて、それぞれの出会いと発見を果たし、また折を見てその作品にふれ、著作を手にとって、新たな知的な興奮を味わっていただければと思います。

東京多磨霊園物語

――時代を彩ったあの人びとに出会う

目次

第四章　奔流の中で

第一章　そこに「昭和」があった

与謝野鉄幹（左）、与謝野晶子の墓

堀辰雄（左）、堀多恵の墓

「のらくろ」と「サザエさん」
——田河水泡と長谷川町子

霊園を歩いていると、さまざまな出会いと発見に遭遇します。

それは人をあの懐かしい時代や人びとに誘《いざな》う、こころの旅でもあります。

向田邦子さんの墓を訪ねた後、少し歩を進めたところで、ある懐かしい人形の姿が眼に止まりました。

それは紛れもなく、あの「のらくろ」でした。「のらくろ」という名前は、若い人にとっては馴《な》染《じ》みの薄いものかもしれませんが、かつて記録的な大ヒットとなった漫画『のらくろ』の主人公の名前で、戦後も雑誌やテレビなどで復活し、親しまれました。

ごく普通の墓石の傍らに、そっと置かれた二つの小さな「のらくろ」は、懐かしげに何かを語りかけるようでした。

墓碑には、「高見澤家墓」と記されていました。調べてみると、それはあの『のらくろ』の作者田河水泡（本名高見澤仲太郎）の墓なのでした。はじめは田河という文字が見えなかったので、迂闊《うかつ》にも私はそれに気づかなかったのです。左側に目をやると墓誌があり、そこに、「高見澤仲太郎（田河水泡）一九八九年十二月十三日没　享年九十歳、高見澤潤子（冨士子）二〇〇四年五月十二日没　享年九十九歳」とあり、ようやく田河の墓と判《わか》ったのでした。

そしてその田河水泡夫人が作家で随筆家の高見澤潤子で、その兄に当たるのが、あの著名な評論家小林秀雄ということも判りました。さらに、田河水泡の弟子が、『サザエさん』の長谷川町子であり、その長谷川町子もまた、同じこの霊園に眠っているのです。

田河水泡の墓

こうした人脈を辿っていくとなかなか興味が尽きません。そんな発見が、この霊園には数多くあるのです。

そして、『のらくろ』の背景や作者田河水泡の軌跡を辿《たど》っていくと、『のらくろ』を単に子供相手の人気漫画と片付け切れない何かがあると見ることができるように思います。

さて、田河水泡に戻ると、彼は一八九九（明治三十二）年東京生まれ、本名高見澤仲太郎。小学校卒業後、薬屋やメリヤス工場に奉公に出ます。二十歳で徴兵され、陸軍に入隊します。この不遇で苦労の多かった少年時代や軍隊経験が『のらくろ』の背景にあるといえます。

除隊後美術を志し、東京美術学校（現東京芸大）に入り、在学中、村山知義らと知り合い、前衛美術団体マヴォに参加します。卒業後、一時期新作落語の台本を書いたりしていました。また、雑誌「面白倶楽部」や「キング」などで毎月三、四本の落語の連載を持っていましたが、当時の編集長中島民千に、「あんたは絵かきさんだそうじゃないか。絵かきが毎月これだけ面白いストーリーを幾つも書けるんだから、連載漫画をやってみろ。きっと面白いものができるはずだ」と勧められ、漫画を描き始めます。

その連載漫画が人気を集め、少年漫画作家として注目されます。そして一九三一（昭和六）年から「少年倶楽部」に連載した『のらくろ』が好評を博し、一躍人気漫画家となりました。

擬人化された犬（のらくろ）が、貧しい境遇から軍隊に入り、失敗を重ねながらも昇進していく物語で、そのユーモアとペーソスが多くの子供たちの圧倒的人気を博しました。

このシリーズは一応一九四一（昭和十六）年に終結しましたが、戦後も再び復活し、雑誌やテレビで広く親しまれました。

戦後、『のらくろ』を軍国主義を鼓舞するものという批判もありましたが、田河の本音はもちろんそうではありませんでした。

『のらくろ』の連載が始まった頃に、すでに日本は戦時体制の強化に向けてひたすら突き進んでいました。一九三一（昭和六）年には満州事変が起こり、翌年には五・一五事件、その翌年には国際連盟脱退、そして一九三六（昭和十一）年には二・二六事件、三七（昭和十二）年に日中戦争が起こり、国家総動員体制が樹立、四一（昭和十六）年には太平洋戦争が勃発しています。確かに『のらくろ』が連載された時期は、そういう時代背景のもとにありました。

しかし、劇作家の矢代静一はこう語っています。

「僕は〈のらくろ〉で精神形成されたんですよ。あれは絶対に軍国主義の漫画じゃないです。貧しい者でも努力すれば偉くなれるっていう、あの時代、日本でもまだ貧富の差が大きかったですからねえ。ずいぶん心の支えになりましたよ」(『のらくろ一代記』)

小松左京は『のらくろ』について、その人気の広範さからして、「日本のミッキー・マウス」といっていいと書き、その人気の秘密を、失敗や苦境を愛嬌《あいきょう》のあるドタバタに変えて陽気にしのぎながら、その底になんともいえない人生のほろ苦さが滲《にじ》んでくる、それは、近代都市民衆のマジョリティとその「生活の哀歓」を共有してきたからではないかと書いています。

また、『のらくろ』の魅力の背景について、作者田河水泡の義兄である評論家小林秀雄は次のように書いています。

「彼とは、たまに会うと、酒を吞み、馬鹿話をするのが常だが、或る日、彼は私に、真面目な顔をして、こう述懐した。

〈のらくろというのは、実は、兄貴、ありゃ、みんな俺の事を書いたものだ。〉

私は、一種の感動を受けて、目が覚める想いがした。彼は、自分の生い立ちについて、私に、くわしくは語った事もなし、こちらから聞いた事もなかったが、家庭にめぐまれぬ、苦労の多い、孤独な少年期を過した事は、知っていた。言ってみれば、小犬のように捨てられて、拾われて育った男だ。

〈のらくろ〉というのんき気な漫画に、一種の哀愁が流れている事は、私は前から感じていたが、彼の言葉を聞く前には、この感じは形をとる事が出来なかった。まさに、そういう事であったであろう。そして、又、恐らく〈のらくろ〉に動かされ、〈のらくろ〉に親愛の情を抱いた子供達は、みなその事を直覚していただろう。恐らく、迂闊だったのは私だけである」（『考えるヒント』）

そういえば吉川英治も『草思堂随筆』の中で、作家が作中人物を愛するということは、結局作家が自らを愛しているからである、結局作家というものは、いろいろな人物を描くのであるが、それは自分を書いていることだと思うと語っていました。

先に引用した言葉は、のらくろ人気の背景を鋭く読み取っている言葉です。そこに、田河の語りたかった本当のことを読み取ることができるように思います。

こうした周辺の人たちの言葉を見ても、田河の意図が軍国主義とは無縁のものであったことが納得できるように思います。

近年、お笑い芸人などのバカ笑いや薄っぺらな駄洒落《だじゃれ》がテレビを席捲《せっけん》していますが、本当の笑いは暴力的ともいえる強制された笑いなどではなく、どこかで人間の弱さや生きることの哀歓につながっているものではないでしょうか。のらくろやサザエさんを見ながら、そんなことを感じたりもします。

田河はその後「滑稽とは何か」ということについて興味を持ち、研究を進め、『滑稽の構造』『滑稽の研究』などの著作を遺しています。

晩年も意気軒昂《いきけんこう》でしたが、やがて体調を崩しがちになり、衰弱が進み、身体が痛い痛いと苦しみ、注射を打って苦しみが治まると、うとうとと眠るという繰り返しが続きました。肝臓がんでした。時々、「どうしてこんなになっちまったんだろう」とつぶやき、「いつ家へ帰れるんだ。家に帰りたいよ。庭が見たい」と繰り返しました。

しかし、一九八九（平成元）年、入院中の病院で眠るように息を引き取りました。九十歳という長寿でした。

夫人の潤子は、「私はまだ温かい田河の頬をなでながら、私のいたらない愚かさをわびたが、田河の頬はすべて許すといった、おだやかな顔であった」と書いています。

また潤子夫人は、田河が入院中のある日、付き添っていた夫人に向かって

「私の人生は、本当にいい人生だったと思うよ」

と、しみじみと語った言葉を記しています。

そして田河はまた、「のらくろのタネをまいたのは私だが、育ててくれたのは読者なんだ。今回は九十という年齢に負けたよ」とも語っています。

「いい人生だった」という言葉は、後述する徳川夢声が最期に語った、「おい、いい夫婦だったなあ」という言葉を思い出させます。

さまざまな最期があります。悔恨の人生も無念の人生もあります。その中で、この田河の言葉は、九十年というその長寿とともに、まさに充足の人生だったことをうかがわせます。

小松左京が『のらくろ』を「日本のミッキー・マウス」と語ったとおり、まさに田河は昭和を代表する漫画家の一人であったといっていいように思います。その昭和が終わりを告げた年に、田河の人生もまた幕を閉じました。


そして、その田河水泡を掛け替えのない師と仰ぐのが、長谷川町子です。

その墓は霊園の正門からまっすぐ延びる広い通りに面した場所にあります。このあたりには多くの著名人の墓が並んでおり、あの北原白秋や三島由紀夫の墓もすぐ近くにあります。墓域は広く、サツキなどの生垣に囲まれており、その奥に「長谷川家」と刻された大きな墓石があります。だから正面からはあの『サザエさん』の長谷川町子の墓と気づくことは難しい。しかし、同じこの霊園に眠る向田邦子や岡本太郎の墓と同様に、訪れる人も少なくないようです。

緑に囲まれた静謐《せいひつ》なその空間には墓碑以外の何もなく、落ち着いた雰囲気を漂わせています。そこには墓碑銘も墓誌などもなく、ただ「長谷川家」という文字があるだけです。もはや、『サザエさん』の長谷川町子ではなく、長谷川家の一員に戻り、ひっそりとそこに眠っているという、控えめで謙虚な長谷川の意思と人柄を感じさせるたたずまいと思えました。しかしその静謐が、かえって長谷川の生きた姿や作品に対する想像力を掻《か》き立ててくれるようにも思いました。

その長谷川町子が田河の門を敲《たた》いた頃のことを、田河はこう書いています。

「その後、昭和十年には女学校を卒業したばかりの長谷川町子が入門、荻窪の家へ住み込んだ。

本人に素質があったから、別に教えることは何もなかった。絵もうまかったし、女性でなければ気づかないような主題を漫画にできた。当時は女流漫画家がいなかったせいもあるが、『少女倶楽部』へ紹介すると、いきなり連載の仕事がきた。彼女は一年ほど私たちと同居した。お手伝いさんは別にいたのだが、その仕事を助けて進んで掃除するなど、よく働いてくれた」（『私の履歴書　芸術家の創造』）

長谷川町子は一九二〇（大正九）年佐賀県生まれ。日本初のプロの女性漫画家として、あの『サザエさん』をはじめ、『エプロンおばさん』『いじわるばあさん』などで、圧倒的な人気を博しました。とくに『サザエさん』の人気は衰えるところを知らず、今でも、そのテレビアニメは、放送開始から四十年を超える長寿番組となっています。

ほのぼのとした平凡な家族の風景を、やさしく温かい眼差しで描きながら、そこに人間や世相に対する鋭い観察眼も見せる、それが作品の深さ、共感の大きさの背景にあるといえます。しかしそうした作品を、常に締め切りに追われながら書き続けるということは、相当な精神的負担になっていたようにも思います。事実、長谷川はその胃を五分の四も切除し

長谷川町子の墓

ていました。

亡くなる前の年、机の上に乗って窓を閉めようとしたとき転落して全身を打ち、傷が治らず、通院する以外は家に閉じこもったままでした。食欲も衰え、亡くなる前夜は食事も取らず早めに床につきましたが、翌朝同居していた姉の毬子が部屋を覗《のぞ》くと、布団の中で亡くなっていたといいます。葬儀・告別式はせず、密葬、納骨が終わるまで公表しないという本人の遺志によって、その死は一ヶ月ほど伏せられていました。

明るく朗らかなサザエさん、ほのぼのとしたその一家、そんな家族の風景を描いた長谷川自身は、生涯を独身で通し、姉と二人暮らしで、外での付き合いよりも静謐な暮らしを愛していました。それはあの『サザエさん』の団欒《だんらん》のある温かい家族の風景とはまったく異なる日常の中にありました。

日常の暮らしにも、その最期の迎え方にも、一切の儀式を排除し、公表も控えるという選択の仕方にも、長谷川の強靱《きょうじん》な意志を感じることができます。長谷川の書くものに、単なる明るい笑いのみではなく、より深く訴えるものを感じさせる秘密がそこにあるようにも思います。

七十二歳で閉じたその生涯は、多くの人びとの心の中に豊かな遺産を遺しました。

多くの人がその死を悼みましたが、漫画家の加藤芳郎は、「こんなに幅広く老若男女を問わず読まれる漫画家は、もう出てこないだろう。ただやさしいだけではなく、〈いじわるばあさん〉のようにけっこう皮肉な目で世の中を見ていて、それが作品の幅にもなっていたと思う」と語っています（「朝日新聞」一九九二年七月一日朝刊）。

温かさと鋭さ、面白さと深さ、庶民性と社会性、長谷川町子の作品にはそんな通奏低音が流れているように思います。

長谷川は、自身の漫画についてその人気の秘密について聞かれたとき、「よくわからない。社会全体が刺激的で、めまぐるしく、あわただしいですから、おふろに入っているような気分が要求されているのではないでしょうか」（「朝日新聞」同前）と語っています。

長谷川のこの言葉は、今でも十分に説得力を持っています。むしろいま、こんな時代だからこそ、サザエさんは人びとの心にいつまでも生き続けているのだといえるように思います。昭和の時代は懐かしい、しかしそれを懐かしむだけでなく、その後私たちが失ったものの大きさにあらためて眼を向けることも大切なことといえます。急ぎ足を少しばかり緩めて立ち止まり、自身の姿をもう一度見直してみたらどうか、『サザエさん』はそんなことを語りかけているようにも思われます。

庶民の生活に根ざし、その感覚と心を大切にした執筆の姿勢は、どこかあの『のらくろ』の田河水泡に通じるところがあるようにも思います。

余談ですが、長谷川がその膨大な作品の中から、自ら選んだ作品を集めた『よりぬきサザエさん』が最近約二十年ぶりに復刊されました。多くのファンの声に後押しされた刊行だということです。いまだ衰えない、根強いサザエさん人気をうかがわせるものです。

長谷川町子が亡くなったのは、師匠田河水泡の死のわずか三年後でした。二人はいま、同じこの霊園に眠り、何を語っているのでしょうか。

二人はまさに「昭和」という時代とその世相を見事に切り取って表現した、時代を代表する作家といっていいでしょう。

なお、長谷川町子の墓から四百メートルほど北へ歩いたところには、独特の猫の絵本で知られる馬場のぼるの墓がありました。墓所の入り口に、『11ぴきのねこ』のキャラクターが彫られた碑があり、通る人に懐かしく語りかけているようでした。

この霊園にはまた、政治漫画などで一世を風靡《ふうび》した岡本一平などの墓もあり、ここはまさに昭和を代表する漫画家達のメモリアルでもあります。そして、漫画家に限らず、さまざまな「昭和」に出会える、絶好の場所ともなっています。

ムーミンとルパン三世

――岸田今日子と山田康雄

お馴染《なじ》みの人気アニメ、それを支えた声優の二人にも出会いました。

一人は岸田今日子、アニメ『ムーミン』では主人公ムーミン・トロールの声を担当し、多くの子供たちやその親たちの人気を博しました。

もちろん、声優は岸田の芸能活動の一部に過ぎず、演劇、映画、ドラマなど幅広い芸域を持つ実力派女優として知られています。その墓前に立つとき、ムーミンの声優として、舞台や映画の名優として、あるいはエッセイや小説の名手としてなど、人によってさまざまな思いに駆られることでしょう。

岸田今日子の墓は霊園のほぼ北東、大廻り東通りが大きく左に迂回し、東4号通りと交差するあたりにあり、劇作家の父岸田國士らとともにここに眠っています。墓域は広く、大谷石の低層の塀に囲まれ、砂利が一面に敷き詰められ、簡素な雰囲気を漂わせています。その中央に縦横ほぼ一メートルあまりの重厚な感じの石板が置かれています。その石面には何も書かれていません。どこか不思議な墓と思いつつも通り過ぎてしまいそうです。ただ、その塀の右手にはめ込まれた銘板に、父岸田國士、童話作家・詩人の姉衿子らとともに今日子の名前が刻まれていて、それと気づきます。

岸田今日子は一九三〇（昭和五）年、劇作家岸田國士の次女として東京都で生まれました。自由学園在学中に舞台美術に興味を抱き、卒業と同時に裏方として文学座の研修生となります。一年後、文学座で、照明や美術の人たちも含めて『キティ颱風《たいふう》』のオーディションを受けることになり、合格し、一九五〇（昭和二十五）年、杉村春子の娘役として初舞台を踏むことになります。

その初舞台の経験が、演じることへ誘《いざな》う契機となります。そのときのことを岸田はこう語っています。

「それでとにかく初舞台をやった時に、本当に人見知りで、人前に出て行くことは考えられなかったような私だったんですけど、何かが〝とりついた〟みたいな感じをちょっと味わったんですね。それで稽古というものをひと月半ぐらいやっているうちに芝居ってなんかおもしろくて奥が深いもんだなっていうふうに思うようになったんです」（『あの人に会いたい』）

三島由紀夫は、岸田今日子の初舞台を見たとき、そして初めて会ったときの印象を、雑誌「婦人公論」で次のように書いています。

「今日子さんの舞台をはじめて見たのは『キティ颱風』の時だったが、彼女の独特の平然たるセリフ廻しのおかげで、よっぽどネンパイのおばさんが若い役に化けてるのかと思った。岸田先生の北軽井沢のお宅へ上がって、そこで素顔の今日子さんに会ったときは、今度はあんまりウラ若いお嬢さんでびっくりした。いたずらをしじゅう企らんでいる大きなよく動く目は、舞台も素顔もかわらないが、平然たるおちついた物言いは、素顔の口からきくと、一寸《ちょっと》妖精の落ちつきみたいなところがある」

「妖精の落ちつき」とは流石にうまい表現です。たしかに岸田はそんな雰囲気の持ち主であったように思います。

三十歳のとき、その三島由紀夫演出の『サロメ』の主役に抜擢《ばってき》され、以降さまざまな作品でその演技力が注目され、『陽気な幽霊』ではテアトロン賞を受賞しました。その後、文学座を脱退し、劇団「雲」を経て演劇集団「円」の設立に参加します。そして『桜の園』や『欲望という名の電車』などでも独自の存在感ある演技を見せました。

映画では『破戒』で毎日映画コンクール助演女優賞、勅使河原宏監督の『砂の女』ではカンヌ映画祭審査員特別賞を受賞、同時にブルーリボン助演女優賞を受賞するなど、その実力は国内外で高く評価されました。

岸田は、「演じる」ということは「自分を全部出すこと」「裸になること」だといいつつ女優の仕事についてこう語っています。

「女優というのは結構おもしろかったです。いろんな人と会えるしね、おもしろい人と。そしていろんな人というのは現実の人間だったり、作品の中の人間だったりするわけですけど。やっぱりまあ思いもかけないような人物というのが戯曲の中にはいたりするでしょ。そういう人と会うのは楽しいから。これから出会う者に出会いたいです」（『あの人に会いたい』）

つまり、自分でも知らない自分を表現できる作品との出会いが、女優としての喜びだといいます。

そして女優であることのもう一つの喜びはいい観客との出会いであると、次のように書いています。

「女優にならなければ観客との出逢いも決して無かっただろう。（中略）いい作品との出逢いを喜んでくださるお客様と出逢いたい。舞台での自分を決して観ることの出来ない俳優にとって、お客様の眼ほど怖くて嬉しいものはない。だから、その作品とわたしとの間に何が起こったかを、思った通り教えてくれる人、どう感じたかを、自分の言葉で言ってくれる人は、本当に大事なのだ」（『わたしはだれ』）

岸田は、もともと不器用で内向的だった自分がよくここまでやってこられたと、感慨深げに語っていましたが、それは演じることの奥の深さというべきものを摑《つか》み取ったからだといえるように思います。

そしてテレビでは、『男嫌い』『大奥』『傷だらけの天使』などの番組に出演し、またアニメ『ムーミン』で圧倒的な人気を呼び、日本中の子供やその家族に広く愛されたことはよく知られているとおりです。岸田が『ムーミン』に出演したのは、娘に自分の仕事を理解してもらうためだったと語っています。

また、児童文学からエッセイにいたるまで、幅広い執筆活動を展開し、『妄想の森』は日本エッセイスト・クラブ賞を受賞しています。

二〇〇六（平成十八）年はじめに体調を崩し、暮れに脳腫瘍による呼吸不全のために都内の病院で亡くなりました。享年七十六歳でした。

姉の衿子は、その最期の様子を次のように書いています。

「（脳に異常が見つかって）検査の結果、脳内に浸潤した神経膠腫《こうしゅ》は手術ではとれないことがわかって、〈今年一年、もつかどうか〉と言われました。〈早く進行します〉とも。

診断どおり、妹はしだいに込み入った話になると黙り込むようになりました。でも、北軽井沢で摘んだ野生のイチゴや花をもっていくと、〈あ、モリイチゴがいっぱい〉〈あら、マツムシソウ〉とか、おさない孫が〈コンちゃん〉と呼びかけると、〈はあい〉とか、簡単な返事はしてくれる。

そんなふうに一年かけて、こちらの覚悟もできたのかもしれません。その年の暮れに息をひきとりましたが、〈よかった〉と思える、本当に穏やかな最期でした。あの可愛かった幼な顔に戻っていたのです」（『文藝春秋』二〇〇八年二月号）

もうそんなに長くないことを覚悟してからの最期の一年を、しずかに、穏やかに過ごした様子が偲ばれます。いかにも岸田らしい最期の迎え方は感動的です。「幼な顔に戻っていた」という言葉も印象的です。

近親者で行われた葬儀には、生前親しかった富士真奈美や吉行和子らも参加し、冥福を祈りました。

劇作家の別役実は、「年を取っても妖精みたいで上手下手の埒外《らちがい》にある独特のニュアンスを持っていた。日本の女優の中で珍しいキャラクターの一角が崩れたという思いがする」と語り、劇団の後輩の渡辺謙は、「僕の演劇における母を失ったようです。知的でいて、かわいらしい母でした」

と語っています（「読売新聞」二〇〇六年十二月二十一日）。

「妖精の落ちつき」「知的でかわいらしい母」――岸田を語るフレーズのいずれもが、この女優の醸し出す独自の雰囲気を的確に物語っています。その墓前に立つとき、多くの人に愛され、親しまれた岸田の姿が鮮明に甦《よみがえ》ってくるのです。そしてこちらも、ほっこりとした気分のようなものを感じたのでした。

ここからほんの少し足をのばすと、劇作家の三好十郎、作家中島敦、そして岡本太郎らの墓を訪ねることができます。

岸田今日子と同じく俳優で、声優としても活躍した一人に、あのアニメ『ルパン三世』で知られる山田康雄がいます。その山田の墓も同じこの霊園の程近い場所にあり、この辺りの散策は二つの人気アニメの主人公に出会う小さな旅でもあります。

山田の墓はつつましく簡素なものです。見事なツゲやサツキなどの植栽に囲まれ、敷き詰められた芝生の正面に黒御影の洋型の墓碑があり、「山田家之墓」と刻されています。まさかここであの「ルパン三世」に出会おうとは思いませんでした。そこに墓誌や碑文などは何もありませんが、それゆえに逆にあの独特の声と演技に対する想像力を掻《か》き立ててくれるように思います。

山田は一九三二（昭和七）年東京生まれ、岸田とほぼ同世代ということになります。三歳の時父が他界し、母の手で育てられました。都立第一中学校（現在の日比谷高校）を出て早稲田大学に入学、在学中に劇団民芸の試験に合格、大学を中退して研究生として入団。一九五八（昭和三十三）年には劇団テアトル・エコーに入団し初舞台を踏みます。その後数々の作品に出演しますが、とくに『日本人のへそ』『表裏源内蛙合戦』『道元の冒険』など、井上ひさしの作品では主役級を務めています。

余談ですが、山田が出演した井上ひさし脚色の『11ぴきのねこ』の原作は人気漫画家の馬場のぼるで、その馬場の墓が山田の墓から歩いてほんの一分半という近さにあることに驚きました。馬場の墓の入り口には、『11ぴきのねこ』のキャラクターを彫りこんだ大きな石碑が建っており、一目でそれとわかります。この稿を書きながら、山田の墓碑の周辺を歩いているとき、偶然にもこの猫のキャラクターに出会ったのです。一つの作品で結ばれた二人の墓が、指呼の距離にあるのも、ささやかな発見でした。

山田は一方で、アメリカのテレビ映画『ローハイド』や『コンバット』で吹き替えに出演し、声価を高めました。クリント・イーストウッドやジャン＝ポール・ベルモンドなどの吹き替えなどで広く知られるところです。

しかし何よりの代表作はアニメ『ルパン三世』の主人公役です。飄々《ひょうひょう》とした舞台での役そのままに、軽妙なルパンの声が作品に深い味を残しました。山田の声なしにはこのアニメの大ヒットはなかったのではないかとも言われています。時折、テレビで再生される山田の声に、深い感動を覚える人は少なくありません。

俳優として、声優としてのその人気の背後には、外からはうかがい知れない山田の真摯な努力する姿がありました。長年山田と付き合いのあった、劇団テアトル・エコー社長の田寺尚和は、「山田さんはミスのない完璧主義者。決して隙を見せず、常にベストの状態で取り組む人でした。努力をしている姿を見せたことはありませんが、陰では誰よりも努力していたと思います」と語り、またアニメ、吹き替えディレクターとして山田とともに仕事をした加藤敏は、「彼は博識でいろんなジャンルにわたって見識があり、流行にも敏感。時にアドリブが出るわけですが、それらは知識に裏打ちされた、気のきいたアドリブなんですよ。きっと、勉強家だったんでしょうね」と語っています（『ルパン三世よ永遠に』以下引用は主に同書による）。

声優として絶大なる人気を集めた山田でしたが、自身の基本は舞台俳優であるという矜持《きょうじ》と厳しさを貫いた人でもありました。『ルパン三世』パート2でアシスタント・プロデューサーを務めた堀越徹はこう語っています。

「山田さんのところによく、声優になりたいといってくる人がいたらしいんです。そんなとき、山田さんは、〈声優になりたいと思うならやめなさい。でも、役者になりたいのなら、やってみてもいいかもね〉と。なぜなら、声優というのは役者の一部分で、その一部分をめざすのでは成功しないと」

そんな山田は、まだまだ働き盛りの一九九五（平成七）年二月脳出血で倒れ、三月には意識が戻らぬまま、東京大田区の病院で亡くなりました。享年六十二歳でした。あまりにも突然の死でしたが、愛用の机の引き出しの中には遺書が遺《のこ》されていました（「文藝春秋」二〇〇二年一月号）。

封筒に「ハヤイ　ハナシガ　イショ」とあり、その中には次のように書かれていました。

「すてきな人生だったよ。紀美子がいて、夏織がいて、浩康がいて、ポケなんかもいて……やっぱり紀美子がいて……ありがとう。山田康雄」（「ポケ」は愛犬の名前―筆者注）

短い言葉の中に、遺された家族への思いが溢《あふ》れています。無念の思いもあったでしょうが、ただ家族への感謝のみを語るこの言葉は、いかにも山田らしい、潔い逝き方を物語っているように思います。

人びとに深い感動を残した山田＝ルパンは多くの人にその死が悼まれました。

声優の大平透はこう呼びかけました。

「故・ルパン三世殿　君は今、天国に居るのか？　はたまた地獄でえん魔や鬼どもをオチョクッて楽しんでいるのかどうかは判らない。まっ、どっちみち君のことだから、ヤツラをだまくらかして天国にいつのまにやら納まっているだろう。心配することたぁないな。君の存在は、この世で非常に大きかった。ルパンは山田康雄そのものだったからだ。いや、決して誉めすぎじゃあない。（中略）〝虎は死して皮を残す〟と、昔から言われているが、山田康雄は死してなお、ルパンの声を残した！」（『やすべえ物語』）

また、その突然の死を悼む、多くのファンの声も寄せられました。その一つ。

「私にとってルパンは山田さんの声がすべてである。明るく軽快なしゃべり、強烈な存在感、そして優しさ、あたたかさ。今後、彼のルパンを越えるルパンは現れないだろう。それほどまでに

山田さんはルパンであり、ルパンは山田さんだった」（愛知県　星野麻知、前掲書）

葬儀で、ルパンの永遠のライバル銭形警部を演じた納谷悟郎は、次のような言葉を贈りました。

「おいルパン!これから俺は誰を追い続けりゃいいんだ!

お前が死んだら俺は誰を追いかければいいいんだ!」

涙ながらの弔辞でした。

たまたま本稿執筆中、その納谷悟郎の訃報に接しました。これで、ルパン三世と銭形警部を演じた二人の名優がともに去ってしまったことになります。昭和はどんどん遠くなります。

岸田今日子と山田康雄、ここでは「ムーミンとルパン三世」というタイトルにしましたが、二人とも声優である前に俳優であり、何より舞台という原点を大切にしていました。その基本があったからこそ、アニメの成功につながったといえるのではないでしょうか。

それぞれに、いかにもその生き方に相応しい穏やかな最期、潔い最期を見せた二人の名優はいま、この多磨の地に静かに眠っています。

その墓前に立つとき、あの懐かしい声が鮮明に甦ってくるように思われます。

昭和のある時期、その成長期を過ごした多くの子供たちの心の中に、二人の声はいつまでも強く残っていくことでしょう。

二人の黄門様
――東野英治郎と西村晃

テレビドラマの『水戸黄門』で、初代と二代目の黄門を演じた二人の俳優、東野英治郎と西村晃の墓にも出会いました。

東野英治郎と西村晃、いま「黄門様」として知られる二人は、もともと根っからの舞台人であり、演劇や映画で多くの作品を遺《のこ》しています。そして、片や治安維持法違反で拘留歴があり、片や特攻要員として死を決意したという強烈な体験の持ち主です。その二人が、戦後の、昭和という平和な時代に、テレビというメディアで茶の間の人気を独占したのです。「黄門様」たちにそうした過去があったことはあまり知られていません。

東野英治郎の墓は、この霊園の南西部、浅間山《せんげんやま》の山麓に近い傾斜地にあります。ただその墓石の表面に「東野家之墓」と記されているのみで、墓誌などはありません。ですから、何気なく通り過

東野英治郎の墓

ぎてしまいがちですが、その墓石の裏面に、「昭和五十七年九月彼岸　東野英心建之」とあるのを見て、あの東野英治郎の墓というのが判《わか》ります。英心は英治郎の長男で、同じく俳優として知られています。

東野英治郎は一九〇七（明治四十）年群馬県生まれ。明治大学在学中から演劇にかかわり、プロレタリア演劇研究所を経て、新築地劇団に入団します。一九三九（昭和十四）年、千田是也演出の『海援隊』に新宮馬之助役で出演、そしてその映画化に際しても舞台と同じ役で出演します。この映画には坂本龍馬役の月形竜之介のほか、嵐寛寿郎、志村喬など懐かしい面々が出演しています。また、東野が好演した、舞台の『綴方教室』は、それまでの新劇の観客動員数は二千五百人から三千人であったのに対し、五万四千人という記録的な観客を集めています。しかし、一九四〇（昭和十五）年には劇団が当局の圧力で強制解散させられ、東野らは治安維持法違反容疑で検挙、淀橋警察署に留置され、凡《およ》そ十ヶ月後に釈放されるという過酷な経験もしています。

この年はまさに太平洋戦争開戦の前年に当たります。戦時体制の強化が進み、国家総動員法が公布されたのが一九三八（昭和十三）年、官製の国民統合組織である大政翼賛会が発会したのが四〇（昭和十五）年で、同じ年に言論統制の中心機関となる内閣情報局が創設されています。文化、芸能活動にはさまざまな介入や圧力が加えられました。演劇活動にとっても試練の時節でもありました。

一九四四（昭和十九）年、千田是也らとともに俳優座の結成に参加し、戦後も舞台や映画で活躍しましたが、一方、テレビの『水戸黄門』の初代黄門役として広く親しまれました。テレビの黄門役には、森繁久弥や宇野重吉の名前も上がっていましたが、それぞれ、映画会社や劇団との関係から実現しませんでした。かくて東野の黄門様の誕生となりましたが、これが大成功で、一九六九（昭和四十四）年から一九八三（昭和五十八）年にいたる十四年間、お茶の間の人気を集めました。

七十代半ばまで続けた黄門役でしたが、さすがに年齢の問題もあり、引退を決意しました。

一九八二（昭和五十七）年七月の引退会見には共演した俳優たちも参加しました。東野の長男英心の『私説　父《オド》物語』によると、「助さん」を演じた里見浩太朗は「突然で言葉もない」と語り、「格さん」を演じた大和田伸也は「先生の最後の台詞が〝恵みの雨〟でした。一生忘れられない台詞です」、「風車の弥七」役の中谷一郎は「三十代から五十代まで御一緒させていただいて、僕にとっては幸せでした」、「うっかり八兵衛」役の高橋元太郎は「歌にも未練を感じていた僕に、スッパリ俳優の道に進ませてくれました」とそれぞれ語っています。

一九九四（平成六）年九月、東野英治郎は八十七歳の誕生日を目前にして、自宅で心不全で倒れ、その長い人生の幕を閉じました。

長男英心は、父英治郎を葬送《おく》った後、その生涯についてこう締めくくっています。

「東野英治郎は、矛盾に満ちた人間社会の中を思い切り生きた。

明治・大正・昭和・平成を、〝男と女、政治と芸と金〟に翻弄されつつ歯を喰いしばって過ごして来た。

劇団と二つの家庭のために、一生懸命汗水流して働いて稼いだ。

だが、終わってみると六千万からの借金が残っただけだ。

しかし、オドは俳優東野英治郎を残した」

そして英治郎は英心に次のような言葉を残しています。

「虎は死して皮を残し、人は死して名を残すか……。他の動物ならば本能の赴《おもむ》くままに生きればいいだろうが、人間には心がある。その心を生きるのだ」（以上、『私説　父物語』）

あの激動の時代をしたたかに生き抜き、演劇人としての生涯を貫いた東野の志を感じることができるように思います。

東野英心は、父英治郎と同じく舞台や映画やテレビで活躍した俳優で、とくに、テレビの『中学生日記』の東先生役として広く親しまれました。

私はNHK時代、この二人とは多少縁がありましたので、その墓に直面したとき、格別な懐かしさを覚えました。英治郎とはインタビュー番組でしたが、その朴訥な話し方に独特な味わいがあり、その人柄と話の中味に深く魅《ひ》き付けられた記憶があります。英心とは、名古屋放送局時代、『中学生日記』の制作で名古屋に滞在することの多かった氏と、しばしば飲みに行き、談論風発のときを楽しみました。父英治郎とは対照的に能弁で、楽しい酒席でした。その早すぎる死が、悔やまれてなりません。

最後に、東野英治郎に送られた、山田洋次監督の弔辞の一節を紹介しておきます。

「東野さんは、ぼくの作品に何度も出ていただきましたが、それは脚本に東野さんのあてはまる役があったからではなく、東野さんの出るような映画をつくりたい、なんとしてでも東野さんに出てほしい、ワンカットでもいい、東野さんを写したい、そんな思いで、最初から東野さんを思いうかべてシナリオを書いた役ばかりでした」（日本テレビ編『弔辞』）

黄門役で広く知られる東野ですが、何より演劇人として、また映画人として長い、そして厚い蓄積があったことをうかがわせます。紛れもなく、昭和を代表する俳優の一人であったということができます。

東野家の墓から真っ直ぐ北へ三百メートルほど歩いたところに、東野英治郎の後を受けた二代目水戸黄門役の西村晃の墓碑があります。淡紅色のその墓石の表面には、「西村晃　則子　坊やと坊や眠る」と刻まれ、裏面に、妻則子、父真琴らの名前と没年が記されています。その墓の雰囲気には、どこか温かさを感じさせるところがあります。

東野のオーソドックスな和型に対し、西村の墓はユニークなデザインの洋型で、墓碑の色彩も淡紅色という好対照を見せているのも印象的でした。

この西村の生涯もまた、時代に翻弄され、時代と戦った波乱に満ちたものでした。

西村は一九二三（大正十二）年札幌生まれ。日大専門部芸術科在学中から舞台を踏みましたが、学徒動員で海軍航空隊に入隊、特攻隊員として終戦を迎えました。

戦後は、東京青年劇場、新協劇団、青俳などで演劇活動に専心しますが、一方映画にも進出し、

『真空地帯』『雲流るる果てに』などの反戦映画などで活躍、個性派俳優として注目を集めました。一九六四（昭和三十九）年、今村昇平監督の『赤い殺意』で主演し、毎日映画コンクールで主演男優賞を受けました。また一九八二（昭和五十七）年、映画『マタギ』でも同じく主演男優賞を受賞しています。高齢化社会の介護の問題をテーマにした『黄落』では、迫真の演技を見せました。そして、これが西村の遺作となりました。

西村の演技について渡辺武信は、「庶民の哀歓とともに、その心中に潜む狡猾《こうかつ》さや暴力衝動も巧みに表出する演技派」と書いています。先の東野英治郎とともに、得がたい個性派俳優であったといえます。

そして東野英治郎の後を受けて、テレビの黄門役を演じ、後任を佐野浅夫に譲るまで通算九年間「ご老公」として人気を集めました。さらに声優やナレーションなど、多彩な活躍でも知られています。

一九九五（平成七）年、食道がんの手術を受け、一時回復しましたが、一九九七（平成九）年その生涯を閉じました。享年七十四歳でした。

西村の葬儀の葬儀委員長は、その生前の約束に従って、友人の裏千家第十五代家元の千宗室が務めました。

西村と千はかつて海軍の特攻要員として苦楽をともにした同志でした。第十四期海軍飛行予備学生として土浦航空隊などで訓練を受けたあと、海軍航空隊の特攻隊員として鹿児島県の大隅半島の中部にある串良海軍航空基地に配属され、出撃のときを待ちました。
西村には死を直前にして書き遺した言葉があります。「不要になった遺言」と題されたその文章の冒頭は、次のように書かれています。
「昭和二十年五月二十六日
出撃を前に父母への記。
光栄かな、白菊特攻隊員の一員として、
沖縄に征かんとす。
常に一凡人として、力の続くかぎり、
生のあるかぎり、私の最後の舞台を尽そう。
大いなる歴史のうねりだ、
私もその波に立つ者だ」（『続・あゝ同期の桜　若き戦没学生の手記』）
その手記はさらにこう続きます。
「雨降らば濡れ、風吹かば風に当り、明日を迎える。訓練に勝つ事は戦に勝つ、そして己に勝ち得る、これが私の心の明け暮れだった。
そして出撃を眼前にして、はじめて身近に感ぜられるのだ。
没我の中に於いて必ずや真実の己を見い出す時、必ずや生れるだろう。最後の勝利を信じ私の愛する総ての人々へ別れを告げるあの瞬間に……

こうして刻々と過ぎ行く時がたまらなく懐しく、言い知れぬ愛情を覚える。

そして人が悲しめば悲しむ程、静かに微笑したくなる」

つい先ほどまで送る身であった自分が、あと四時間で見送られる側、出撃する身になる、そんな時間の心境を記した言葉には、深く心に届くものがあります。

そして、その後には、残してゆく妻則子への深い思いが綴られています。

終戦直前、千は松山の基地へ配属を命じられ、西村とは別れました。その後西村に出撃のときが訪れましたが、機体の故障のため引き返し、そのまま終戦を迎えました。

私事に亘《わた》りますが、西村や千が南九州の特攻基地に配属された頃、小学生の私はその串良航空基地に隣接する同じ海軍の鹿屋航空基地の近くに住んでいました。特攻出撃を前にした隊員たちが、しばしの休暇の時間を与えられ、少年たちと交流する風景も見られました。故郷に残した弟妹や家族への深い思いがあったのでしょうか。また、大人たちが、上空を飛び去る飛行機を指しながら、あれが特攻機だ、と話していたことを思い出します。

過日、鹿屋航空基地資料館を訪ね、展示された特攻隊員たちの手記や写真を目にする機会がありましたが、海軍少尉西村晃の手記もその中にありました。

いま、こうして西村や同期の人たちの手記を目にするとき、当時は思いも及ばなかった彼らの心情が偲《しの》ばれ、えも言われぬ深い思いに包まれます。そしてまた、その手記の背後にある、語られることのなかった彼らの内面に思いを馳《は》せるとき、重く複雑な思いに心が揺さぶられるのを禁じえませんでした。

彼らの同期を含め、多くの若い命が失われた特攻作戦でしたが、西村と千の二人は終戦のため幸運にも帰還を果たしました。その後二人はそれぞれ独自の道を歩むことになりますが、生前、どちらかが先に亡くなった場合、遺されたものが葬儀委員長を務めるという約束をしていました。そんなわけで、千が西村の葬儀委員長を務めたのでした。

東野英治郎と西村晃、二人の黄門様はいま、偶然にも近接したところに永眠しています。テレビの長寿番組で知られる二人ですが、何より演劇人として、そして映画人として確かな演技力を見せた、昭和を代表する俳優であったといえます。その波乱に満ちた生涯とともに、その作品の一つ一つが、昭和という時代を鮮明に映し出しています。

二〇一一年十二月には、テレビの『水戸黄門』がその長い歴史に幕を閉じました。その知らせは、二人の耳にどのように届いたのでしょうか。

ここでもまた、「昭和」が確実に遠ざかっていくことを実感させられます。

明智小五郎と銭形平次

――江戸川乱歩と野村胡堂

日本を代表する二人の推理作家・江戸川乱歩と野村胡堂が、この霊園の中の程近いところに眠っているのも、何か不思議な縁を感じます。霊園のほぼ南端、浅間山に接するところに、日本の推理小説の開拓者として知られる江戸川乱歩の墓があります。

その墓はツゲやサツキに囲まれた一画にあり、右手にはやや小ぶりですが、風情のあるカエデが植えられています。墓石の表面には「平井家之墓」と刻されています。墓域はそれほど広くなく、右手の「江戸川乱歩墓所」という標柱がなければ通り過ぎてしまいそうな、ごく普通の墓です。標柱の文字は乱歩の自筆を摸刻したものです。左側の墓誌には、「智勝院幻城居士」という戒名が記され、昭和四十年七月二十八日歿、行年七十歳とあります。その墓に出会ったとき、えも言われぬ懐かしさと感動を覚えました。そして、大衆の圧倒的な支持を受けたあの大作家の墓が、つつましいごく普通のたたずまいであることに、いささかの意外性を覚えました。

乱歩は一八九四（明治二十七）年三重県生まれ。早大卒業後、貿易商、造船所、古本屋、市役所職員など幾多の職種を転々としました。乱歩の自伝によると、早稲田を出てから探偵小説の職業作家になった一九二五（大正十四）年のはじめまでの八年間に、十四、五の職業を転々とし、一番長いのが一年半、短いのは半月というのもあり、平均すると半年ぐらいになります。

その間、いろいろな作品を読んでいますが、「私の生涯で最も感銘したのは、ポーと谷崎潤一郎とドストエフスキーであった」と書いています。因《ちな》みに「江戸川乱歩」という筆名はアメリカの推理小説作家エドガー・アラン・ポーをもじってつけたものです。

一九二三（大正十二）年、二十九歳のときに処女作『二銭銅貨』を発表、衝撃的なデビューを果しました。以後、『陰獣』『蜘蛛男』『黄金仮面』などの作品を相次いで発表し、名探偵明智小五郎の活躍する『怪人二十面相』シリーズなどで圧倒的な人気を博し、探偵小説界の第一人者となりました。

しかし、その乱歩にも不振と苦悩の時期がありました。紀田順一郎によれば、創作上の高い理想を自覚していた乱歩にとって、自作評価と一般の嗜好との間の深い亀裂から来る独自の緊張感に伴う苦痛は相当なものであり、そのため再三の休筆宣言と放浪の旅を繰り返させることにもなりました（『乱歩彷徨』）。

その後推理小説雑誌の編集や評論活動、そして日本探偵作

江戸川乱歩の墓　右手に標柱

家クラブ（現・日本推理作家協会）の設立に携わるなど、後進の育成にも尽力しました。

しかし、作家としてはもはや往年の勢いを取り戻すこともなく、晩年はパーキンソン病と高血圧に悩まされ、不自由な生活を強いられました。病状は次第に悪化し、歩行も儘《まま》ならぬ状態になり、一九六五（昭和四十）年、くも膜下出血で危篤状態になり、そのまま亡くなりました。

その最期の様子を、長男平井隆太郎はこう書いています。

「父のパーキンソン病はだんだん悪化してきまして、いろんな薬も試みたのですが、当時はいい特効薬もなかった時代で、（中略）結局亡くなったときは脳出血だったようです。それも転んだのが引き金です。とにかく頑固で、体が不自由なくせにトイレにも自分で歩いて行ったりするものですから、すべってうしろ向きにひっくりかえっちゃったんです。……臨終のとき、それまでずっと意識がなかったのが、パッと目を大きく見開いて、まわりにいる私たちをひとわたり見回したように見えました。死の直前、意識が戻って目が動くのか、意識はなくてただ機械的に動くのか、それは分かりません」（「オール讀み物」一九九一年十一月号）

頑固なのか、律儀なのか、最期まで人の手を煩わしたくないという強い意志を感じることができるように思います。最期のとき、見守っている周囲の人に何かを語りたかったのかどうか判然としませんが、強靱《きょうじん》な心を持った大作家の見事な逝き方といっていいように思います。

松本清張は、乱歩の初期の作品を高く評価する一方、後期の作品には厳しい目を向けていますが、その弔辞の中で、自分たちが推理小説を志すようになったのはいずれも乱歩の作品に魅せられ、その大きな影響を受けたからだと語りつつ、次のように述べています。
「先生は進んで大家の身でありながら自ら後輩の激励にも当られました。先生の作風と高い人格とを慕って集る者数知れず、先生の周辺には絶えず春の花園のように和やかさが咲いていました。いまや先生の温容と馥郁《ふくいく》たる謦咳《けいがい》に二度と接することが出来なくなりました。われわれの悲しみは肉親を失った以上であります」（「文藝春秋」二〇〇一年二月号）

乱歩はサインを求められると好んで、「うつし世はゆめ　よるの夢こそまこと」と書きました。これに関して、雑誌「講談倶楽部」に次のように書いています。

「うつし世はゆめ
よるの夢こそまこと

ポーの言葉〈この世の現実は、私には幻——単なる幻としか感じられない。これに反して、夢の世界の怪しい想念は、私の生命の糧であるばかりか、今や私にとっての全実在そのものである〉ウォーター・デ・ラ・メイアの言葉〈わが望みは所謂《いわゆる》リアリズムの世界から逸脱するにある。空想的経験こそは、現実の経験に比して更に一層リアルである〉

東西古今のいかなる箴言《しんげん》よりも、これらの言葉が、私にはしっくり来る。身をもって同感なのである。それが、いつとはなしに、前記の対句《ついく》を作らせた。この二三年来、色紙や短冊を出されると、多くはこの句を書くことにしている。これを一層簡単にして、〈昼は夢、夜《よ》ぞうつつ〉というのもある」

乱歩の生涯と作品を見ると、この言葉はなるほどと納得できるような気がします。それはまさに乱歩の創作の原点を物語る言葉と見ることができるように思います。

乱歩の墓碑をたずね、そしてあらためてその作品を再読してみるとき、この言葉の味わいがより深く感じられます。

乱歩の墓から北へ凡《およ》そ五百メートルあまり歩いたところに、野村胡堂の墓があります。胡堂は『銭形平次捕物控』などで捕物作家として知られていますが、そのほかにジャーナリスト、音楽評論家という貌《かお》を持っています。

一九三一（昭和六）年「オール読物」創刊号に銭形平次を主人公とした捕物帳の第一作を発表し、以後一九五七（昭和三十二）年までに三百八十三篇を執筆しました。

もともとは報知新聞の記者で、社会部長、学芸部長などを務めました。また、「あらえびす」のペンネームを持つ音楽評論家としても知られ、『バッハからシューベルト』『楽聖物語』などの著作もあります。

その墓は霊園の中を大きく巡回する大廻り西通りに面した広い墓域に、野村家と親交のある松田家の墓と並んで建っています。野村家の墓碑の右手に、胡堂の碑があり、その年譜が記されています。そこに、単なる捕物作家ではない、その多彩な貌を見ることができます。

胡堂は一八八二（明治十五）年、岩手県彦部村の村長野村長四郎の次男として生まれました。盛岡中学校に入学しますが、同級生に金田一京助、下級生に石川啄木が居ました。第一高等学校を経て東京帝国大学法科大学に入学しますが、父の死去もあり退学し、一九一二（大正元）年、報知新聞社に入社します。その後記者として、作家として、そして音楽評論家としての精力的な活動は先に記したとおりです。

多くの人が胡堂について書き、コメントしていますが、ここでは徳川夢声の面白いコメントを取り上げてみます。

夢声は、胡堂とは親友ではないが心友であり、頻繁に顔を合わせたりすることはないが、胡堂のことを思うとき心温まる感じがすると言い、次のように書いています。

「銭形平次《ぜにがたへいじ》親分も、その配下のガラッ八君も、共に野村さんの創作した人物。捕物帳の読者は、こういう人物を躍らせる作者を、定めし威勢のよい、喧嘩《けんか》っ早い、口の悪い江戸っ児《こ》だろうと想像する。ところが当の野村さんに会ってみると、凡そ、そんな江戸っ児と正反対の印象を受ける。どっちかと言うと、威勢はあんまり好くない、至極もの静かな、口の重い、真面目一方の律儀な人、――そうとしか見えない。

凡そ作者というものは、自分に無いものを創作して書きたがる。だから、野村さんは、全然自分と正反対の銭形親分だの、ガラッ八君などを作り上げたのだ。こういう考え方もある。凡そ作者というものは、自分に無いものは、いくら創作したくても書けないものだ。だから、野村さんの全人格の一部には、たしかに銭形親分も、ガラッ八君も存在する。こういう考え方もある」（『いろは交遊録』）

また当時の吉田首相が銭形平次の愛読者であるということが話題になりましたが、そのことに関して夢声は、「その趣味の低さを嘲《わら》う批評家があったら、そいつこそ嘲わるべきだ。吉田首相は原書でコナン・ドイルだろうと、チェスタートンだろうと、講談を読むが如くに読める人だ。その吉田さんが、銭形平次捕物帳を愛読する所以《ゆえん》は、外国物の探偵小説を読むのと同じ面白さを、その中に見いだすからである」と書いています。

あえて夢声のことばを取り上げたのは、一見「こういう考え方もある」と謙虚に書きながら、実はそこに夢声独自の鋭い観察眼があり、同時に心友としての深い思いが見られるからです。

戦後は捕物作家クラブ会長となり後進の育成に当たり、また私財一億円を投じて「野村学芸財団」を設立し、奨学金の支給や学術研究の助成を行いました。

胡堂は一九六三（昭和三十八）年、はな夫人らに見守られながら八十歳で天寿を全うしましたが、その最期の様子を、はな夫人の葬儀における喪主の挨拶の言葉から見てみます。

「御承知の通り一体に丈夫な方で風邪も引きませんでしたが、昨年の夏、軽井沢で風邪に冒されました。是《これ》は幸い治りましてこの冬も達者に過ごしましたが、去る三月二十七日から床につくようになりました。この日は午前中はまことに元気で松葉杖をついて歩いておりましたが、午後になって初めて〈寝かしてくれ〉と申しました。

二十八日から幸い浴風園の尼子博士をはじめ、その他の老人医学専門家の先生方の真心こめた手篤いお手当てを受けることができました。入院は当人が気が進みませんので致しませんでしたが、入院以上に完全な看護の手をつくしていただきました。

四月八日になりまして肺炎の症状が重くなり心痛いたしました。しかし、この日は奇跡的に回復に向かい、九日の午後から小康状態を得ましたので、この分ならばと一縷《いちる》の望みをつないでおりました。

十四日午前中は機嫌よく、幾日かぶりで牛乳も飲み、気分もよいように見えましたが、図らずも急変しまして、あっという間のことでございました。午後零時四十八分、いささかの苦しみもなく、眠るが如き安らかな臨終でございました」（『カタクリの群れ咲く頃の』）

その最期の言葉は、「思い残すことはない。満足だ」でした。

この、はな夫人の言葉から、そして胡堂の遺した言葉から、すべてをそのままに受け入れ、その最期のときを迎えた、いかにも胡堂らしい穏やかな逝き方が偲ばれます。

胡堂の葬儀は青山葬儀場で行われ、盛岡中学以来の親友、金田一京助が葬儀委員長を務めました。

その金田一は弔辞の中で次のように語りかけました。

「偶然にも胡堂さんの最後の学友の一人としてこうして今日またその最終の謦咳に接してお礼と

お別れの言葉を申してお別れすることができたのは、やっぱり深い因縁だったでしょうか。胡堂さん、あなたは昔から人に怒らない方でした。類《たぐい》なき凝り性で全力をあげて凝る人でした。気高い人でいわゆる文士のいまわしい所業などは微塵もない一代の傑士、一世の達人でした。おのずからその一辺が銭形の親分に彷彿《ほうふつ》として出ております。この一人のヒーローに三百点《ママ》という世界のレコードとその長文の風格とを置土産に全力を尽してついに何の未練もなく悠々永遠の旅に立たれました。尊いお姿、どうぞどうぞおん安らかに慎んでとこしえの御冥福を祈り上げます。昭和三八年四月十九日　同学の友　金田一京助」（『銭形平次の心』）

葬儀では、ベートーベンの「英雄」が葬送曲として演奏されたといいます。銭形平次とベートーベン、まさに胡堂に相応《ふさわ》しいコラボといえます。

なお、先の江戸川乱歩は、胡堂の通夜の席で哀悼の言葉を述べていますが、乱歩は胡堂逝去の二年後、その後を追うように旅立っていきました。作家仲間として親交のあった二人ですが、同じこの霊園でいま何を語り合っているのでしょうか。

なお、乱歩の墓から二百メートル足らずのところには、『浮かぶ飛行島』『火星兵団』などで知られる、乱歩とほぼ同世代の科学小説・推理小説家、海野十三の墓があります。そのほか、大脳生理学者で『人生の阿呆』で直木賞を受賞し、探偵作家クラブ会長も務めた木々高太郎（林髞）の墓もあり、この霊園には、昭和という時代を彩った推理・探偵小説作家たちの墓碑を訪ねる楽しみもあります。

「宮本武蔵」が結ぶ
――吉川英治と徳川夢声

吉川英治といえば、やはり大作家の誰かと組み合わせるのが常道というものでしょう。たとえば、その交友関係の中ですぐ思い浮かぶのが、同じこの霊園に眠る菊池寛です。

吉川英治は『折々の記』の中で、「菊池さんと私の交友は、年月は長いが、誠に淡々たる交わりだった。交友は淡なること水の如くに――とむかしのたれかが訓《おし》えていたそのように私は菊池さんに心がけて交わった」と、書いていています。そしてそのほか多くの作家たちとも交友があったようですが、ここでは敢えて、その多彩な芸能活動で知られる徳川夢声を選びました。

そのキーワードは「宮本武蔵」です。

吉川英治の墓は霊園のほぼ北端、この霊園を縦断するバス通りから東へ少し歩いたところにあります。歩みを進める中で、周囲の墓とは一味違う雰囲気の漂う静謐《せいひつ》な空間に出会います。そこが谷口吉郎設計による吉川英治の墓でした。

大谷石の低い塀と松、梅、ヒノキなどの植栽に囲まれた墓域が独自の空間を形成し、真ん中に黒御影の文机があり、その上に六角形の小ぶりの経筒《きょうづつ》が置かれています。経筒の正面には「吉川英治」の自筆の文字が書かれています。

吉川英治の墓

全体としてシンプルな形ですが、その凛《りん》としたたたずまいには、どこか深く魅《ひ》き付けられるところがありました。
墓所を設計した谷口吉郎は、長女が結婚するとき吉川に仲人を依頼するなど、吉川と長い親交を結ぶ一人ですが、この墓についてこう書いています。

「吉川さんはお嬢さんが結婚されたあと、老夫婦はそのうち小さい庵を結んで、静かに暮したいから、その時は設計をたのむと申されていたのに、まもなく他界された。
そのご遺志にそうため、多磨霊園のお墓を設計する時には、いろいろと案を練り直したあげく、黒ミカゲの石で文机をかたどり、それを亡き文人に捧げる浄几《じょうき》（清浄な机―筆者注）とした。その上に小さい石の経筒を置き、その墓標に故人の名を刻み、その脇に小さく夫人の名を彫り、それに朱を入れた。未亡人が写経されていたので、私の意匠はその切々たる心情を汲むもので、墓石の姿も清楚で簡素なものにした」
（「文藝春秋」一九七四年二月号）

吉川の墓にどこか魅せられるところがあるのは、そうした谷口の思いが込められているからでしょうか。

除幕式の日には、多くの知人に囲まれて納骨式が行われましたが、そのとき、徳川夢声は谷口に、「こんな墓なら、臨時に、しばらく入ってみてもいい」と語ったということです。

吉川英治は一八九二（明治二十五）年神奈川県生まれ。幼少時代は不遇で、小学校を中退後、活版工、行商などさまざまの職を転々としました。苦難の中で独学で文学の修行を続け、一九二六（大正十五）年「大阪毎日新聞」に連載した『鳴門秘帖』で作家としての地位を築きました。三十四歳でした。

その後、『宮本武蔵』『三国志』『新・平家物語』『私本太平記』などで、大衆小説家、時代小説家として幅広い人気を博しました。

『宮本武蔵』は一九三五（昭和十）年から三九（昭和十四）年まで「朝日新聞」に連載され、圧倒的な人気を博しました。求道者として剣の道を究めつつ諸国を歩き、そして佐々木小次郎との巌流島の決闘に至るまでの武蔵の生きた姿は、二・二六事件、盧溝橋事件などを経て国家総動員体制が急速に進むという、当時の閉塞した気分のみなぎる状況の中で、多くの人びとをひきつけました。

その人気はやがてラジオの朗読によって一層高まりました。NHKラジオの放送は、一九三九（昭和十四）年九月から敗戦の年の一九四五（昭和二十）年一月まで、凡《およ》そ五年半近く続きました。そのラジオの人気の背景には徳川夢声という傑出した朗読者の存在があり、その独自の語り口が、多くの人びとを魅了しました。

では、その夢声と吉川との交友関係はどのようなものだったのでしょうか。

夢声はその著『いろは交遊録』の中で、吉川との交友について、世間並みの考え方からすると、深い交友とか、親友というわけではないがと断りつつ、次のように書いています。

「然し、前後二回、一年以上にわたる連続放送で、私の頭の中に吉川英治という名が活躍すると、実に頻々累々《ひんぴんるいるい》たるものがあった。少しく大袈裟《おおげさ》に表現すれば、昭和十三年このかた、今日に至るまで、一日として私の頭のスクリンに、吉川英治の名が映写されない日はない、と言えるのである。その意味に於ては、まさに如何なる私の親友といえども、吉川氏には及ばないかもしれない」

そして夢声は、この小説には吉川氏の全人格が注ぎ込まれているから、この放送作業をとおして、長い間吉川氏と親交を結んでいたことになると書いています。

その聴取者の幅も老若男女、大学教授から幼稚園の子供たちに至るまで実に広く、こんな現象まで起こったといいます。

「世の中は面白いもので、

――宮本武蔵といえば徳川夢声
――徳川夢声といえば宮本武蔵
ということになり、果ては、

――徳川夢声は、剣道の名人だってね！

てなことにまで相成った。いやはや、ここまできては恐縮汗顔である」

この武蔵ブームは、今風にいうといわば社会現象ともいうべき事態であったことがうかがえます。

そして、吉川は戦後はしばらく筆を絶っていましたが、その後『高山右近』『大岡越前』『新・平家物語』『私本太平記』などを相次いで発表しました。まさに大衆文学の第一人者、国民的作家として戦前戦後を通じて広く大衆に愛された作家といえます。

恵まれない環境の中から、独自の作品と作風を築き上げ、幅広い大衆の支持を獲得したところは、あの松本清張を思わせます。因《ちな》みに、その没後設けられた吉川英治文学賞の第一回受賞者は松本清張でした。

吉川は一九六一（昭和三十六）年の春ごろから次第に健康がすぐれず、咳や痰に悩まされ、睡眠も浅く、衰えを見せていました。入院を勧められても執筆中の原稿を中断することもなく、渾身《こんしん》の力を振り絞って、机に向かいました。

その頃のことを、自筆の年譜で次のように書いています。

「九月、『私本太平記』の完結、あといくばくもなし。一日一回の稿も、ようやく心身を削る思いをなす。厠に立ちては中二階の階段をはうて机に戻るの有様に至る。血痰も日ごとに濃く、疲労はなはだし。頃来（この頃―筆者注）ハーフのコースもついに回りがたくなり、食欲、体重、すべて減る」

そして同年十月、ようやく慶應病院に入院し、検査の結果、肺がんと診断されました。

その最期の様子を、長男英明は次のように書いています。

「父はもう、まったくといっていいくらいしゃべれなくなっていたが、周囲の者の言う事はよく理解出来ていたようだった。時々、大きくうなずいたり、かすかに笑ったりした。

しかし、文字に生き、創作に生きてきた父が、自己を表現する言葉を失ってしまったということは、見ていて胸がしめつけられるほど痛ましかった。まわりの者に、言いたいことがなかなか通じないと、いらだたしげに動かない左の手で、仰向けになった胸の所に紙をおさえ、これも不自由になった右手に鉛筆をにぎりしめて意を通じさせようとすることもあった。そんな時の父の片仮名が、まるで小学生の書いた字のように、ふるえて、バラバラなのを見るのは一層辛かった。

一度、母の激励にこたえて、紙と鉛筆を求め、たどたどしく、

〈ヨ　ク　ナ　ル〉

と書いた。父はまだ希望を捨てていなかった。」(『父吉川英治』)

病苦と闘いつつ渾身の力を振り絞った仕事へのこだわり、そして恐るべき生への執念、そうした吉川の最期の姿、逝き方には深い感動を覚えます。あの膨大な作品群を遺《のこ》した吉川の不屈の意志とエネルギーは、最後の最後まで衰えることはありませんでした。

再びその墓前に立ち、厳しい環境と戦いつつ精力的な執筆活動を続け、膨大な作品群を遺したあの戦う作家が、いまここに静かな眠りについているのかという思いに浸るとき、ある深い感懐とともに、どこか落ち着きと安らぎを覚えるものがありました。そして、先の谷口の言葉を思い出し、あらためて深い感銘を受けました。

夫人吉川文子によると、もともと吉川家の墓地は横浜にあったのですが、吉川は多磨霊園が非常

に気に入っており、この霊園にある親友の菊池寛の墓を命日に訪ねるたびに、「多磨墓地は気持がいいなあ」と言っていたそうです。その吉川の遺志にそって、この地に墓所が作られたことになります。

東京都青梅市の吉野梅郷に吉川英治記念館があります。都心から遠く離れたこの地に、吉川は一九四四（昭和十九）年三月に疎開し、一九五三（昭和二十八）年八月まで過ごしました。吉川はこの地を限りなく愛し、土地の人たちとも深い交流を持ちました。

吉川はこの地の家屋敷を「草思堂」と名づけ、戦後しばらくして執筆活動を展開しました。代表作の一つ『新・平家物語』などはこの地で生まれました。旧宅とともに吉川の書斎も遺され、また広い庭にはシンボルともいうべき樹齢数百年といわれる椎の巨木が聳《そび》え、さまざまな植栽が独特の趣《おもむき》を見せています。

記念館には吉川の遺品や生原稿、そして初版本などの豊富な資料が並べられていましたが、親交のあった人びとの生原稿の中に、徳川夢声の原稿もありました。記念館の案内にあった、「大衆即大知識」「吾以外皆我師」という吉川の座右の銘が、いかにも吉川の人柄を偲《しの》ばせるようで印象的でした。

『宮本武蔵』の朗読で名声を馳《は》せ、活弁家、放送芸能家、俳優として絶大な人気を誇った徳川夢声の墓も、同じこの霊園にあります。

その墓は霊園の正門から北西に延びる、みたま堂・壁墓地通りを少し歩いた場所にあります。墓石は正面に「福原家累代之墓」（夢声の本名は福原駿雄）と記されたごく普通のものですが、その右手に大きな自然石の石碑があり、そこには大きな「夢」という、夢声自筆の文字が刻まれています。なかなか味のある書体で、芸人夢声のスケールの大きさを偲ばせるようでもあり、またあの語りの名調子が聞こえてくるようにも思われました。

夢声は一八九四（明治二十七）年島根県生まれ。三歳で上京し、祖母に育てられます。子供の頃から落語に親しみ、独学で始めた落語は教室での人気者となります。その後東京府立一中（現都立日比谷高校）に進み、一高（第一高等学校）を目指します。しかし二浪するも合格ならず、結局進学の道は断念します。もしこの一高―東大というコースに乗っていたら、その後の「夢声」はなかったということになるでしょう。

徳川夢声の墓。右手の「夢」の文字は夢声の自筆

そして落語家を目指しますが、無声映画の説明者（活弁士）の道へ進み、独自の芸を磨き、弁士としてその黄金時代を築きました。その頃（大正六年）の「東京市内に於ける活動写真館の分布」によ

ると、当時の東京市内には六十九の活動写真館があり、凡そ四百人の「弁士」が活動していたといいます（三国一朗『徳川夢声の世界』）。

俳優、落語家などと並んで、活弁士が職業として一つのジャンルを占めていたのです。

しかし、やがて無声映画の時代は終わり、トーキーの時代となり、不要となった活弁家（弁士）の時代は幕を閉じました。今風にいうと、弁士たちはリストラという現実に直面したのでした。もはや、時代の流れに抗するすべはありませんでした。しかし、夢声はこの難局をしたたかに生きぬき、その後は漫談家、俳優として古川ロッパなどとともに舞台や映画などで活躍しました。

やがてラジオで吉川英治の『宮本武蔵』『新・平家物語』の朗読を担当し、独自の話芸で人気を博しました。そのことについては、先に書いたとおりです。夢声自身、はじめは後年あれほどの世間の高評を得ようとはまるで予想せず、至極平凡な気持ちで放送していたと語っています（『放送話術二十七年』）。

三国一朗によると、「武蔵」の放送は一回も空襲で中断したことはありませんでしたが、NHKの担当者であった大岡龍男が前々から空襲に備えて、「警報に宮本武蔵切られけり」という川柳をつくり、久しく温めていたところ、ついにそれが事実にならず、「さすがは武蔵」と笑い話になったということです。

戦後も、ラジオ東京やラジオ関東で夢声の「武蔵」が放送されました。このラジオ関東の放送中、吉川英治はがんで入院します。吉川はこの放送を聞くのを楽しみにしていましたが、その終了を待たず死去しました。

原作の小説の映画化やドラマ化はよくあることですが、それらはさまざまなプロフェッショナルを結集した、いわば総合芸術であるのに対して、朗読は声優の独演です。夢声が話術一本で独自の芸を切り拓いた朗読人生は、あの剣一本で諸国を渡り歩いた武蔵に似ているようにも思えます。

夢声の話芸について語るとき、とくにその「間」の取り方の絶妙な味が指摘されます。その芸はラジオの新しい可能性を開くものであったといっていいでしょう。

夢声の芸についてはさまざまな人たちが語っていますが、ここではいささか異色ですが著名な指揮者で音楽教育家としても知られ、あの小澤征爾の師でもある斎藤秀雄の言葉を聞いて見ましょう（『斎藤秀雄講義録』）。

「ある人が徳川夢声のことをしゃべっていて、あの人はなぜあんなに上手にしゃべったかっていうとリズム感がよかったからだと。ある、劇的なリズム感を作る時には急《せ》きこんでしゃべったり、長く待ってしゃべるわけですね。

名高いのは宮本武蔵と巌流佐々木小次郎が巌流島で決闘するでしょ。そうすると徳川夢声は〈その時！〉で、止めちゃうんですよ。〈その時、（間を空けて）巌流は〉と、こう来るんです。で、〈その時巌流は〉（弱くダラダラと、間なしで）と言ったら、もうだめなんです。〈その時、巌流は〉（なげやり風に）って言ってもこれもだめ。〈その時、（間、強く止める）巌流は太刀を振り上げ（ていねいに前より遅く）〉と、こう言うんです」

斎藤は、音楽をより深く解釈するにはこうした夢声の芸を参考にしなければならない、「間」の大切さ、「待つ」ということの意味に気づくとき、そこに芸術が生まれてくるといいます。音楽と話芸に共通する奥の深さを語るその言葉に、夢声の芸への深い共感があります。

そしてまた、夢声の芸をこう評価した斎藤秀雄の墓が夢声の墓から歩いて二分という近さにあるのも、興味をそそられる発見でした。先の斎藤の言葉はその音楽教室で話したものであり、その講義録が刊行されたのは一九九九（平成十一）年ですから、夢声はそれを読んでいません。もし夢声がクラシックの専門家のこの言葉を聴けば、おそらく非常に喜んだに違いありません。

かつて教養番組の制作に携わっていた私は、斎藤のこの話を読んで、話芸、あるいは音楽における「間」というテーマについて、二人にじっくりと対談してもらいたかったという思いに駆られました。必ずや中身の濃い話が展開されたことと思います。

夢声は朗読だけでなく、ラジオの「話の泉」や対談番組、そしてテレビや雑誌でも対談などで活躍し、その話芸に冴《さ》えを見せました。余談ですが、いまこの時代、テレビでは喧騒《けんそう》と饒舌《じょうぜつ》が溢《あふ》れています。まるで「間」は悪と言わんばかりに過剰なおしゃべりや未熟な芸が画面と時間を占拠しています。

本物の芸、本物の話術とは何か、夢声の芸はそんなことを考えさせてくれる契機となるようにも思いました。

なお、夢声が出演した人気番組の一つに『私だけが知っている』（ＮＨＫ）があります。夢声が主宰する徳川探偵局の面々（池田弥三郎、有吉佐和子、戸板康二、岡本太郎ほか）が難事件の推理をする番組ですが、この番組でトリックを暴く「天の声」を担当したのが山内雅人でした。その山内も、この霊園に、夢声とともに眠っています。山内は俳優として、声優として数多くの番組に出演していますが、映画ではモンゴメリー・クリフトや、タイロン・パワーの吹き替えでも人気を博しています。同じくこの霊園に眠る岡本太郎を含めた三人は、今頃あの人気番組の思い出話に花を咲かせているのでしょうか。

夢声はラジオやテレビでの活躍だけでなく、文筆家としても才能を発揮し、ユーモア小説やエッセイなど優れた作品を遺しています。その作品は永井龍男、大佛次郎、久保田万太郎らからも高い支持を受けました。第二十一回直木賞候補となり、最終段階で落選しています。

一九七一（昭和四十六）年三月十八日、夢声はNHKの放送記念日特集「アンテナ半世紀」に出演しました。心身ともに衰弱していた夢声は、乗用車がそのまま乗り入れられる一〇一スタジオに車ごと入ってきました。夢声のために、NHKで最も広いこのスタジオが用意されたのでした。抱きかかえられるようにして車から降りた夢声でしたが、しかし番組が始まると、周囲の心配をよそにしゃんとした声で、元気だった頃と変わらぬ話術を披露しました（三国一朗『徳川夢声の世界』）。これが最後のテレビ出演となりました。

その後、この年の暮れに脳軟化症で倒れ、一切の仕事を断り、自宅で療養を続けました。しかし翌年七月、腎盂炎《じんうえん》を併発し入院、八月一日入院中の河北病院で死去しました。

夢声は、「告別式はいやだからしないでおくれ。すぐ多磨墓地に持っていくんだよ」と言い遺していたそうです。

その夢声の最後の言葉は、妻静枝に語った「おい、いい夫婦だったなあ」だったといいます。仕事に明け暮れた自身の生涯を省みつつ、苦楽をともにした妻へのねぎらいの言葉だったのでしょう。

吉川英治も徳川夢声も、ともに最後の最後までその仕事に立ち向かう執念を感じさせる、感動的な逝き方を見せています。本当のプロというべき、見事な最期といっていいでしょう。

たまたまこの原稿の執筆中に小沢昭一の訃報が伝えられました。夢声同様、小沢もまた多芸多能の人でしたが、なかでもTBSラジオの「小沢昭一の小沢昭一的こころ」は、独特の語り口で人気を博し、四十年も続き、一万回を超えるという長寿番組でした。夢声と同じく「話芸」を何より大切にしてきた人がまた一人去ってゆきました。「昭和は遠く……」という寂しさを一入《ひとしお》感じた次第でした。

並び、寄り添う

――与謝野晶子と堀辰雄

与謝野晶子と堀辰雄を併せて取り上げたのに、他意はありません。実は霊園を歩いていて、その対照的な墓のかたち、夫婦のかたちそしてその生と死のかたちに興味を覚えたからです。通常は「何々家之墓」という形の墓碑が一般的ですが、この二人の場合は夫妻の墓碑がそれぞれ独立して建てられており、その建てられ方にも面白いコントラストがあったからです。そして、それはそのまま、この夫妻の生きた姿や死のかたちを象徴しているように思えたからです。

与謝野鉄幹・晶子夫妻の墓は霊園のほぼ中央部の静謐《せいひつ》な一画にあります。低い石塀に囲まれた墓域の入り口の両側にはサツキが植えられ、左手の奥にはツバキがあります。正面に将棋の駒に似たそれぞれの墓が二つ並んだ風景は独自の雰囲気を漂わせています。比翼塚（相愛の男女を葬った墓）とも呼ばれるこの墓は、一九五二（昭和二十七）年、知人門人の寄付によって建てられたもので、設計は教育家で、鉄幹・晶子もその創設に参加した文化学院の創立者の西村伊作です。

二人の墓碑の前の大理石には、晶子の歌が刻まれています。

今日もまたすぎし昔となりたらば　並びて寝ねん西のむさし野（鉄幹の墓碑前）

なには津に咲く木の花の道なれど　むぐらしげりて君が行くまで（晶子の墓碑前）

また、墓碑の手前の両側には小ぶりの歌碑もあり、それぞれに二人の歌が刻まれています。

知りがたき事もおほかた知りつくし　今なにを見る大空を見る　寛
皐月《さつき》よし野山のわか葉光満ち　末も終わりもなき世の如く　晶子

晶子（本名、しょう）は一八七八（明治十一）年大阪府生まれ。女学校の頃から古典に親しみ、北村透谷や島崎藤村に傾倒し、やがて鉄幹が主宰する新詩社の機関誌「明星」に短歌を発表し、その後鉄幹と恋愛関係になり、一九〇一（明治三十四）年、妻子のあった鉄幹と結婚します。明星派の代表的な歌人として活躍し、人間の内面や情念を率直に表現する奔放で情熱的な歌風は多くの支持を集め、また幅広い影響を残しました。『みだれ髪』『小扇』『舞姫』などの歌集があり、また『源氏物語』の口語訳も有名です。

鉄幹（本名、寛）は一八七三（明治六）年京都府生まれ。詩人、歌人として活躍し、一八九九（明治三十二）年新詩社を創立、その翌年「明星」を創刊して妻晶子とともに明治の詩歌壇を主導しました。しかし、一九〇八（明治四十一）年、「明星」が第一〇〇号をもって廃刊になり、鉄幹も極度の不振に陥ります。往年の勢いと存在感は急速に薄れていきました。失意の中で渡欧、パリに滞在します。

一方晶子は精力的な創作活動を展開し、その声価を高めていきます。脚光を浴びる晶子と不振を極める鉄幹、かつて熱気に溢《あふ》れた創作活動をともにした二人でしたが、その後の生き方はあまりにも対照的でした。

作家吉屋信子は、与謝野夫妻と初対面したときの晶子の、「主人の歌は立派なものでございます。私はその弟子ですものね」という言葉、そして鉄幹の、「わたしは志を果たし得ないが、妻はどうやら望むところに達したようで……」という言葉を紹介し、「良人を師と仰いだ妻の方がはるかに一世をふうびした、この歌人夫妻の心境の一端にはからずも触れた私は——この美しく哀しい夫妻風景に心がしびれた」と書いていています（『群像日本の作家6　与謝野晶子』）。

一九三五（昭和十）年に鉄幹が亡くなったあと、晶子は母として生活苦とも戦いながら、五男六女という十一人の子供を育てつつ、多くの作品を遺《のこ》しました。

自由な感情表現を主張した晶子の文学は画期的なものでしたが、同時に女性の社会的地位の向上を目指す社会評論家としての活動にも注目すべきものがあります。

その晶子は、一九四〇（昭和十五）年自宅の風呂場で脳溢血で倒れ、その後二年間半身不随の生活を送りました。奔放で情熱的で精力的なスター作家のイメージを持たれている晶子ですが、彼女にもこうした苦悩と不遇の老後があったのです。そして一九四二（昭和十七）年狭心症を発症し尿毒症を併発して、その波乱の生涯を閉じました。鉄幹逝きて七年、享年六十五歳でした。

晶子の四女宇智子は、その最期の様子を次のように書いています。

「最期の日は、昭和十七年五月二十九日の昼中で、初夏の日射しが庭の梢《こずえ》の間にキラキラおどっていた。母は六畳の居間にずっとねていたので、最期のときもそこであった。窓は全部開け放たれていた。家の中には、子供たち、知人、お弟子の方々が、おおぜい集っていた。

私はあえいでいる母の手を握ってママと呼んでみた。しばらくたって少し手応えがあったように思えたのは、気のせいかなとも考えた。

おおぜいの人の手を合わせる中で、母はゆったりと大往生ともいえるような最後の時であった。側に少しの人がいただけで、病院の一室の寒い未明に息を引きとった父の最期と対照的で、母の最期は華やかであったともいえる」（『女性作家評伝シリーズ2　与謝野晶子』）

作家として、歌人として、また妻として母として生き抜いた波乱の生涯でしたが、長い闘病生活のあと迎えた最期は、まさに大往生といえる、穏やかな逝き方を見せています。

晶子の死後、千人を超える弟子からのものを含めて、多くの追悼の歌や言葉が寄せられました。その中から若い頃「明星」の同人として活躍した高村光太郎の弔辞を紹介しておきます。

与謝野夫人晶子先生を弔ふ　　高村光太郎

五月の薔薇《ばら》匂ふ時
夫人ゆきたまふ

夫人この世に来りたまひて
日本に新しき歌うまれ
その歌世界にたぐひなきひびきあり
らうたくあつくかぐはしく
つよくおもく丈ながく
艶《あで》にしてなやましく
はるかにして遠く
殆《ほとん》ど天の声を放ちて
人間界に未曾有の因陀羅網《いんだらもう》を顕現す
壮麗きはまり無く
日本の詩歌ためにかがやく
夫人一生を美に貫く
火の燃ゆる如くさかんに
水のゆくごとくとどまらず
夫人おんみずからめでさせ給ひし
五月の薔薇匂ふ時
夫人しづかに眠りたまふ

鉄幹亡き後七年、晶子はようやくその生を終え、この多磨の地にともに眠ることになりました。

なお、一九〇四（明治三十七）年、日露戦争で旅順港口封鎖作戦に従軍した弟を詠《よ》んだ「君死にたまふことなかれ」が大きな反響をよんだことはよく知られています。

ああをとうとよ君を泣く
君死にたまふことなかれ
末に生れし君なれば
親のなさけはまさりしも
親は刃《やいば》をにぎらせて
人を殺せとをしへしや
人を殺して死ねよとて
二十四までをそだてしや（以下略）

晶子の人間としての率直な心情と、強烈な批判精神が表れています。

余談ですが、この旅順港口封鎖作戦に参戦した但馬惟孝、堀内宗平の墓も、そのすぐ近くにあります。この二人の墓に出会い、その墓碑にある旅順港の作戦参戦の文字を目にしたとき、先の晶子の歌を思い出し、深い感懐を覚えました。この霊園の散策にはそうした歴史との出会いもしばしばあるのです。

鉄幹・晶子の墓から西へ四分ほど歩いたところに、堀辰雄夫妻の墓があります。辰雄の墓は横長の白御影で、中央に自筆で「堀辰雄」と刻まれています。シンプルで清楚《せいそ》な感じのたたずまいを見せています。その隣には、少し小ぶりですが、おなじく白御影の多恵夫人の墓が、寄り添うように並んでいます。夫人の墓碑の文字「堀多恵」も、夫人の自筆によるもので、それぞれに味わい深いものでした。

先の与謝野夫妻の墓が、形も大きさも石質も、そしてその周辺の造形もまったく対等に作られ、見事にシンメトリックに構成されているのに対し、辰雄の墓に、やや控え目に寄り添う感じで夫人の墓石が建つ堀夫妻の墓のたたずまいは、それと比較して興味深いコントラストをなしていることが印象的でした。寄り添うように建つ二つの墓の姿には、この夫妻の生きた姿が重なり、どこか心温まるものを感じました。

多恵夫人の回想によると、あるとき多磨霊園にある多恵夫人の両親の墓参をしたとき、堀は当時としては珍しい横長の低い墓を目にして、「ああいう墓はいいね」と語ったそうです。夫人は辰雄のその言葉を覚えていて、そのような墓になったということです。

堀辰雄は一九〇四（明治三十七）年東京生まれ。父浜之助はもと広島藩士。東京府立第三中学校

（現両国高校）を経て、東京帝国大学文学部に入学、一高在学中から室生犀星、芥川龍之介らと交流を持ちます。一九二九（昭和四）年同大卒業、卒業論文は「芥川龍之介論」でした。

卒業後創作活動に携わりますが、胸部の病で時折喀血に悩まされるなど病状が回復せず、一九三一（昭和六）年、長野県の富士見高原療養所に入所します。

なお、この療養所には一九三五（昭和十）年、堀の婚約者矢野綾子も療養のため入所しましたが、五ヶ月後、二十五歳の若さで亡くなります。『風立ちぬ』は彼女との療養体験から生まれました。

退所後執筆活動を再開しますが、一九三八（昭和十三）年、室生犀星の媒酌で加藤多恵と結婚します。その後も宿痾《しゅくあ》（持病）を抱えながら執筆活動を続け、『聖家族』『風立ちぬ』『菜穂子』『かげろふの日記』などの作品を遺し、西欧的な知性と日本の古典文学の伝統を融合した独自な作風で知られています。若くして結核を病み、入退院を繰り返し、晩年はほとんど病床生活を送りました。

堀は一九五三（昭和二十八）年、軽井沢の山荘で多恵夫人に看取《みと》られながら、四十九年の生涯を閉じました。その最期の様子を多恵夫人は次のように書いています。

「その晩、又血痰が出始めていたので、すぐに床に入らず、薄暗い電気の下で、病人に気づかれないように、そっと繕いものをして、辰雄の眠りに入るのを待っていました。それからほぼ二時間ぐらいしてから、〈またなんだか出そうだよ〉と声をかけられ、急いで立って行ってからの私は、あとからあとから続く出血に無我夢中でした。（中略）辰雄を呼び続けている自分の声が静かな部屋一杯になっているのに気づいた時は、もう何もかも終わってしまっていました。そこには何の苦痛もなければ苦痛のあとさえも残っていませんでした」（『来し方の記　堀辰雄の思い出』）

告別式は東京芝の増上寺で行われ、川端康成が葬儀委員長を務めました。室生犀星、佐藤春夫、三好達治、中野重治らが弔辞を述べました。

室生犀星は、その悼詞の中で、「堀君、君こそは生きて、生きぬいた人ではなかろうか、一日の命のあたいをていねいに手のうえにならべて、劬《いた》はりなでさすって、きょうも生きていたというふうに、命のありかを見守っていた人ではなかったろうか。君危しといわれてから三年経ち五年経ち十年経っても、君は一種の根気と勇気をもって生きつづけてきた。（中略）だが、やはり君は死んだ。かけがえのない作家のうつくしさを一身にあつめて、誰からも愛読され、惜しまれて死んだ」と書いています。

堀の師であり、媒酌人でもあり、長い交流のあった犀星らしい心のこもった言葉です。

多恵夫人の回想記には、「苦しい病状で愚痴も文句も言わず、ただ看取りをする者の悲しみや喜びばかりを考えていた人の傍らに、私は長年過ごしてきたのだ。これから先の事を考える時、そのことを忘れてはならないと思うのである」という文章があります（前掲書）。

長い闘病生活の苦痛に耐え、寧ろ看守《みまも》る相手を思いやりつつ、静かで穏やかな最期を見せた堀の逝き方は、深い感動を誘います。

多恵夫人の語った言葉を思い浮かべながら堀夫妻の墓前に立つとき、生涯、夫辰雄を支え、その最期を看取った多恵夫人は、いまも変わらず辰雄の傍らに寄り添い、見守っているように思われます。そのゆえか、この墓域の周辺はどこか温かさとやさしさを感じさせる雰囲気を漂わせているように思われました。

こうして、見事にシンメトリックに相並ぶ与謝野鉄幹・晶子の墓、寄り添うように建つ堀辰雄・多恵の墓に対面するとき、その墓のかたちと同じように、それぞれの夫婦のかたち、生きた姿、そしてその逝き方にも独自の形があることが偲《しの》ばれて感慨深いものがありました。

たまたま本稿執筆中に、宮崎駿監督の五年ぶりの新作『風立ちぬ』が公開され、話題となりました。堀辰雄の名作を下敷きにしたこの作品によって、堀への関心も一層高まったようです。

実はこの作品の主人公堀越二郎は、旧日本海軍の代表的戦闘機「零戦」の開発者で、実在の人物ですが、その墓も堀と同じこの多磨霊園にありました。宮崎作品によって結び付けられた二人の人物が同じこの霊園に眠っていることに、不思議な縁を感じました。

ついでに余談をもう一つ。先の海軍の「零戦」に対比される戦闘機に、陸軍の「隼」があります。その開発をしたのが、中島知久平の創業した「中島飛行機」でした。そして、その「隼」を駆使して、太平洋戦争開戦当初勇名を馳せたのが、加藤健夫率いる「加藤隼戦闘隊」でした。その加藤の墓は、先の堀越二郎の墓から北へ凡《およ》そ二百メートルほどのところにあり、堀越の墓から南へ二百メートルほど歩いたところには、中島知久平の墓がありました。

そうしたつながりや縁を辿《たど》っていくと、日本近現代史の証言者としての、この霊園の奥の深さを、あらためて感じさせられる思いがします。

「家族」の風景
――向田邦子と野田高梧

この霊園の数ある著名人の墓の中で、とくに女性たちに人気の場所がいくつかありますが、その中でも先の与謝野晶子、そして向田邦子や長谷川町子、北原白秋の墓はその筆頭格といっていいでしょう。

向田邦子はテレビドラマのシナリオ作家として多くの名作を遺《のこ》し、また小説やエッセイの名手として知られていますが、海外旅行中に遭遇した航空機事故によるその突然の死は、多くの人たちに大きな衝撃を与えました。

その向田の墓は、周囲に並ぶ墓とまったく変わるところがない、ごく普通の墓です。正面に「向田家之墓」と刻された墓石があり、その右手に本を開いた形の墓誌が置かれています。そこには、「花ひらき　はな香る　花こぼれ　なほ薫る」という、かつてのラジオの名作シリーズ以降親交のあった森繁久弥の言葉が刻まれています。没後三十年以上も経つというのに、この墓を訪ねる人は後を絶ちません。

あるとき、向田の墓で「向田邦子研究会」と称する人たちと出会いました。研究会といっても、学者のそれではなく、殆《ほとん》どが中高年の一般の女性たちと思われましたが、向田とその作品に対する熱くて深い思いを感じました。

向田邦子は一九二九（昭和四）年東京生まれ。日本を代表するテレビの脚本家として知られていますが、向田がテレビにかかわる前に経験した二つの仕事についてはもっと注目されていいかもしれません。それが後のドラマや小説やエッセイの世界での大きな成果の背景にあるともいえるからです。

実践女子専門学校（現実践女子大学）卒業後最初にかかわった仕事が映画雑誌の編集でした。当時はまだラジオの時代、映画の時代でした。邦画洋画を問わず数々の映画の名作が製作され、それらの作品に接しつつ、映像作品について学び、批評する眼を養いました。もちろん映画とテレビはその文法も鑑賞形態も興行形態も同じものではありませんが、それがその後のドラマ作家としての基礎を作るうえで大きな意味を持っていたということができます。

もう一つはラジオとのかかわりです。一九六二（昭和三十七）年からラジオの「森繁の重役読本」の構成作家としての仕事を担当しました。凡《およ》そ七年間、二千回に及ぶこの仕事は、向田のドラマや小説やエッセイの創作に大きな影響を与えました。番組は一回当たりわずか五分という短いものでしたが、むしろ短いがゆえに、その中にいかにリスナーを引き込む

向田邦子の墓と森繁久弥の言葉を刻む墓誌

メッセージを効果的に盛り込むかというところが、まさに構成作家としての力量が問われるところであり、その腕を磨く得がたい体験でもありました。

私自身もそうですが、テレビ番組の制作にかかわってきた友人たちの経験を聞いても、映像というインパクトのある素材のないラジオ番組の制作の経験は、映像作品の構成力を磨くのに貴重な機会となったように思います。

やがてこのラジオの仕事と併行しつつ、テレビドラマの脚本の創作という世界に足を踏み入れることになります。実に多くの作品を手がけていますが、『だいこんの花』『時間ですよ』『寺内貫太郎一家』『阿修羅のごとく』などの名作を遺したことはよく知られているところです。

また『眠る盃』『霊長類ヒト科動物図鑑』などのエッセイ、『思い出トランプ』『あ・うん』などの小説と、多才ぶりを発揮し、圧倒的な人気と支持を獲得しました。一九八〇（昭和五十五）年には第八十三回直木賞を受賞しています。

ごく平凡な日常と等身大の人間を描きながら、そこに人間の深部に宿る哀しさや弱さを鋭く切り取り、あるいは昭和という時代に育まれ、いまはもう失われてしまった伝統や家族の風景を丁寧に描き、それを温かく、しかし厳しい眼で見つめていました。

その温かさと鋭さは、あの『サザエさん』を描いた長谷川町子の眼差しに通じるものがあるようにも思います。

向田邦子についての著作もある、「爆笑問題」の太田光は、こう書いています。

「（向田の作品には）人間というのは愚かで、未熟で、自然も破壊するし、戦争も起こす。大変なことが起こっているのに、登場人物が飯を食ったりする。そんなやつらだけれど、それがいとおしいじゃないかというメッセージがある。すると、観ているほうはほっとするんです。自分は愚かだ、自分はだめだと思っていて、仕事もうまくいかないし、人をひとり幸せにさせることもできないし、もうちょっとましな人間になりたいと、みんなどこかでそう思いながら生きているわけですよ。でも、人間というのは完全じゃない、うまくいかない。でも、それでいいんだよ、と言ってくれる視点があるから、観終わったときに、俺はまだこれからも生きていていいんだな、と思えるんです」（『向田邦子の陽射し』）

人間の弱さや悪を鋭く表現しながら、しかしそうした人間に寄り添い、温かい眼差しをそそぐ、そんな向田作品の魅力が、多くの人をひきつけるのでしょうか。

その向田の訃報は、あまりにも突然でした。

一九八一（昭和五十六）年、台湾旅行中に搭乗していた航空機の事故に遭遇し、その生涯を閉じました。向田は海外に出かけることも多く、飛行機は日常的に利用する交通機関でした。その飛行機について、こんな文章を書いています。

「私はいまでも離着陸のときは平静ではいられない。まわりを見廻すと、みなさん平気な顔で座っているが、あれもウサン臭い。本当に平気なのか、こんなものはタクシーと同じに乗りなれておりますというよそゆきの顔なのか。このところ出たり入ったりが多く一週間に一度は飛行機のお世話になっていながら、まだ気を許してはいない。散らかった部屋や抽斗《ひきだし》の中を片付けてから乗ろうかと思うのだが、万一のことがあったとき〈やっぱり虫が知らせたんだね〉などと言われそうで、ここは縁起をかついでそのままにしておこうと、わざと汚ないままで旅行に出たりしている」(『霊長類ヒト科動物図鑑』)

そんな向田が飛行機事故に遭遇したのは、まだ五十一歳という働き盛りでした。

その早世は多くの人が悼み、惜しむところとなりました。向田の墓に、いまだに訪れる人が絶えないのも納得できるところです。

山口瞳は、「およそ、亡くなった小説家が、その死後に、いよいよ声価が高くなるという例を向田さん以外には知らない。文学的声価だけでなく、死後に出版された書物がこんなに売れるということでも空前絶後といっていいだろう」と語っています(『追悼』)。

東京の青山葬祭場で行われた告別式には多くの人が参列しましたが、その弔辞の中から二つだけ、その一部を引いておきます。

向田の最大の師とも言うべき森繁久弥は、こう語りかけました。

「あなたのお写真の前で私が永別の辞をのべる、それはあまりにも苛酷なことです。運命の皮肉とは申せ、未だ五十歳の若い身空で異国の空に散華されるとは、神も人も信じ難い痛恨極まりないことです。(中略)

すでに帰らぬ人に、いまさら何の言葉がありましょう。今日、この日、この悲しい喪服の会場で、誰一人哀悼の涙なしに、あなたとお別れするものはおりません。

これは余り早すぎます。

これは又余りに私たちに残酷です」

また、長年の付き合いである作家の澤地久枝は、次のように述べています。

「あなたを思い返していちばんピッタリの表現は〈奮励努力〉、あの日本海海戦のZ旗に因《ちな》む言葉です。同じ昭和ヒトケタの生れ、一家の総領娘。私たちは生き残ることが卑怯であり恥とされた戦争の時代の娘、奮励努力が身についた学徒動員世代であったと思います。力を抜き、自然体で、流れるように生きているかに見せながら、あなたはかたときも気を抜くことのない時間を生きていた。（中略）

あなたの死はあまりにも早過ぎ、無残この上もないけれど、あなたが心からくつろぎ憩っている姿も見えるような気がします。あなたがいなくなった寂しさはじわじわと心にしみ、道を歩いていたり、ものを食べているとき、ふっと涙がこぼれます」（「文藝春秋」二〇〇一年二月号）

温かい、いたわりに満ちた言葉です。

向田の死は、親交のあった人たちやその熱烈なファンのみならず、私たち日本人にとっても大きな喪失であったといえます。もう少し長く書き続けることができたら、もっと大きな財産を私たちは手にできたはずです。ごく少数の例外を除き、近年のドラマの荒涼たる風景を見るにつけ、向田にもう少し長生きしてほしかった、そんな思いが強くよぎります。

向田の墓は、私の家から程近い位置にあります。散策の途中、向田さんと語り合うのも、大きな楽しみの一つになっています。

ドラマやエッセイ、小説など幅広い作品を遺した向田に比べると、その知名度は決して高いとはいえませんが、実は日本映画の中心的な担い手の一人に、脚本家野田高梧がいます。あの小津安二郎の映画の脚本の多くを担当し、『東京物語』『彼岸花』『秋日和』『晩春』など数多くの名作を遺した脚本家といえばどなたも納得されるでしょう。

野田の墓は、霊園の北西部、小金井門を入ってすぐ左手にあります。墓域の正面の白御影の墓石に「野田家墓」と刻され、その裏面に、高梧（昭和四十三年九月二十三日　享年七十四歳）を含む野田家の人たちの名前が記されています。ほかに野田高梧についての墓誌や記録は見られません。墓碑の右手には高梧の兄の元海軍中将野田鶴雄の胸像が建てられています。

野田高梧は一八九三（明治二十六）年函館生まれ。早稲田大学卒業後映画雑誌記者などを務めたあと松竹蒲田撮影所に入所、映画界に入ります。スタートが映画雑誌の仕事であった点は、向田と似ています。その後脚本家として島津保次郎、五所平之助監督と組んで数々の作品を生み出しましたが、何より小津との仕事の中に多くの名作・話題作を遺しました。

野田が共同執筆した小津作品の、ごく普通の家族の日常を描きながら人生の機微や人間の深奥と真実を見つめる目は、どこか向田の作品と重なるところがあるように思います。

日本映画の研究者であり、映像作家でもあるドナルド・リチーは、小津映画についてこう書いています。

「小津作品のメッセージ——全作品から浮かび上がってくる一つのメッセージ——は、人は自分の欠点や、友人や愛する人の欠点と調和して生きるのが最も幸福だということであり、この欠点には年をとること、死、そのほかの災難が含まれるということであろう。つまり、人間は人間でしかないことを結局は認め、そしてそれに従わねばならない、ということである」（『小津安二郎の美学』）

人が人とどう調和して生きていくのか、そして自身の問題を含め、加齢や死の問題とどう向き合い、どう調和して生きていくかという問題は、現代において一層重要で深刻な課題となっています。小津と野田のメッセージが、人間が生きていくことにかかわる本質的な問題提起であると同時に、いかに先見性に富んだものであるかということに、あらためて驚きを禁じえません。

また、このリチーの言葉は、先の向田について語った太田光の言葉とどこかで重なるようにも思われるのですが、どうでしょうか。

ついでですが、ちょうどこの稿の執筆中に、先のリチーの訃報を耳にしました。リチーは黒沢論や小津論を含む多くの映画に関する著作を遺していますが、先の『小津安二郎の美学』は、学ぶところの少なくない力作といえます。

野田は映画の本当の面白さは何よりもまずその独創性にあるといい、その独創性が綿密な、周到な、新鮮な優れた技法と結びつけば一般の人びとに十分理解し得られる独自な「面白さ」が生まれてくるはずであると語り、映画の芸術性というものは結局それが大衆性と溶けあってこそ初めてその光輝を増すものだといえると語っています（『シナリオ構造論』）。

それは、映画の面白さは決して大衆に媚《こ》びるものでなく、その独創性から生まれ、大衆とともに作り上げていくものだという信念を語ったもので、この現代の映画やテレビの「面白さ」ということを考えるとき、大きな示唆と捉えることもできます。

野田は松竹蒲田、大船の脚本家として多彩なジャンルの作品を書いていましたが、小津との出会いが大きな飛躍につながることになります。映画評論家の佐藤忠男はこう書いています。

「野田高梧の名を不滅にしたのは、一九四九年の『晩春』から一九六二年の『秋刀魚の味』まで、小津安二郎の晩年の一三本の作品を小津と共同で執筆したことである。（中略）それ以前の小津作品がしばしば下層社会の貧しい人々の深刻な生活などにも強い関心を向けていたのに、『晩春』以降の小津作品が中産階級からときにはそれ以上の階層の、洗練された生活を多く描くようになったのには野田高梧の作家的な好みが大きく加わっているように思われる。野田高梧は中産階級的な穏健な良識をもっとも尊重した人であり、映画においては無意味な深刻がりとおもわれるものをとくに嫌った人であった」（『日本映画史』）

佐藤は、野田の協力によって小津はその題材の幅を広げ、作品にみがきをかけていったといっています。小津作品を語る上で、野田の存在の大きさを忘れることはできません。

ところで、野田と小津の関係は公私にわたって深い交流を持つものでしたが、長野県の蓼科高原にある野田の別荘「雲呼荘」は、二人がともに酒を飲み、談論風発を楽しみ、そして共同執筆する拠点の一つであり、ここから多くの名作も誕生しました。

小津はライターと監督が一緒に仕事をするとき、二人が体質的にもよく似たもの同士でないとうまくいかないことが多いといい、野田との関係について次のように語っています。

「僕と野田さんの共同シナリオというのは、もちろんセリフ一本まで二人して考えるんだ。しかしセットのデテイルや衣装までは打ち合わせないんだがね。それでいて二人の頭の中のイメージがぴったり合うというのかな、話が絶対にチグハグにならないんだ。セリフの言葉尻を〝わ〟にするか〝よ〟にするかまで合うんだね。（略）もちろん意見の違いは出来るよ。両方とも頑固だから、なかなか妥協しないね」（『自作を語る』）

お互いを尊重しつつ、しかし決して馴《な》れ合わない、深い信頼感と適度な距離感、緊張関係、そんな二人の関係が作品の背景にあったことをうかがわせます。

小津作品は今でもしばしばテレビなどで放映され、また国際的な評価も高まっていますが、脚本家野田高梧の存在も、もっと知られていいのではないかと思いました。

多くの名作を生み出した野田は、一九五〇（昭和二十五）年には初代のシナリオ作家協会の会長を務めるなど、日本映画の振興にも大きな業績を遺しました。そして一九六八（昭和四十三）年、かつて小津とともに充足の日々を過ごした蓼科の山荘で死去しました。享年七十四歳でした。

因《ちな》みに野田は小津より十歳年長でしたが、六十歳の還暦の年に亡くなった小津よりさらに五年長生きしました。小津が発病したのは、蓼科の山荘で野田と次作の相談をしているときでした。もう少し小津が長く生きていたら、野田との共同作業はもっと続き、新たな名作が生まれたはずです。テレビの放映などで、「脚本　野田高梧」の名前を目にするたびに、また野田の墓を訪ねたくなります。そしてその墓前に立つとき、『東京物語』などのいくつかのシーンや台詞が、鮮明に甦《よみがえ》ってくるのです。

たまたまここまで書いてきたとき、こんなニュースを目にしました。

英国映画協会発行の雑誌が、十年間隔で世界の評論家と監督に史上最も偉大な作品を問うアンケートを実施していますが、その結果、二〇一二（平成二十四）年は批評家たちが、上位から『めまい』『市民ケーン』『東京物語』をあげ、監督たちが選んだ一位は『東京物語』であったと伝えています。あらためて小津作品が世界的な評価を受けていることを実証することになりました。『東京物語』などの秀作の背景に、脚本を担当した野田という人物の存在があったということも、もっと注目されていいと思いました。

テレビドラマに限らず、小説やエッセイなど多才振りを発揮した向田に対し、野田はひたすら映画にこだわり続け、日本映画に豊かな遺産を遺しました。

しかしその創作活動を通じて、「家族」の風景や人間の深層、あるいは「昭和」という時代の空気を描き続けたという点で、そしてまた、その作品がいまだに上映、放映され、現代に生き続けているという点で、重なるところが少なくないように思います。

その遺産から、現代のテレビや映画が受け取るべきものは、決して小さくないといえます。

野田家の墓に隣接してケヤキや朴《ほお》の大木が聳え、近くにある大きな泰山木は、初夏に大きな白い花を咲かせます。その花を見に行くのも、この頃の楽しみの一つになっています。

将棋は人生なり

――菊池寛と大山康晴

文壇の大御所菊池寛と将棋の永世王将大山康晴――この意外な組み合わせの背後にあるキーワードは「将棋」です。

本来なら菊池寛はもっと文豪にふさわしい同業作家などと組み合わせるのが常道でしょうが、敢えてここでは大山という相手を選びました。菊池寛については書くことが多すぎて、いささか戸惑うところですが、ここではその将棋好きに絞って、大山と組み合わせてみたというわけです。

菊池寛の墓は霊園の北、小金井門から入り、見事な植栽の分離帯のある広い通りを三百メートルほど進んだところにあります。その墓域はさすがに広く、周りを生け垣が囲み、内部は玉砂利が敷き詰められ、入り口の階段を数段上り左折すると、正面に重量感のある白御影の洋型の墓石があり、そこに菊池と交友関係のあった川端康成の書で「菊池寛之墓」と刻まれています。いかにも、かの文豪らしい、風格を感じさせる墓碑です。

菊池寛は一八八八（明治二十一）年香川県に生まれ、一高を経て京大文学部を卒業。一時時事新報記者を務めますが、やがて作家生活に入ります。そして、『父帰る』『無名作家の日記』『忠直卿行状記』『恩讐の彼方に』『真珠夫人』など多彩な創作活動を展開するとともに、雑誌「文藝春秋」を創刊し、また芥川賞・直木賞を創設するなど、出版人としても活躍し、後進の育成に努めました。

一方で熱心な将棋愛好家としても知られています。文藝春秋時代、社長室には立派な将棋盤が置かれ、将棋好きの来客と将棋を指すのを楽しんでいました。たとえば、『古川ロッパ昭和日記』には、こんな一節があります。「それから文藝春秋社へ。菊池氏居たが、中野実と将棋に夢中である」（一九四三年一月十一日）。来客の姿も目に入らぬほど熱中している菊池の姿が見えてきます。

また、菊池はその膨大な文章やエッセイの中で、折にふれて将棋のことを書いています。その中で、とにかく自分は将棋が好きだ、一日に数回は盤に向かう、気分を換えるために、そして退屈紛らしにこれほど適当なものはないと語っています。

菊池寛の墓

包子《かね》夫人によると、菊池寛はとにかく将棋が好きで好きで「三度のめしを一度」にしてもいいほどであったといい、わずかに遺《のこ》された遺品として家にあるものは、ふだん大切にしていた万年筆、手垢のついた望遠鏡、ライター、そして将棋の駒と盤であったと語っています。

田丸昇九段はそのブログの中で当時の菊池寛と文壇将棋の様子を詳しく書いていますが、それを参考にしながら、菊池寛の将棋好き振りを見てみます。

菊池は文藝春秋の社員にも将棋を奨励し、勤務時間内での将棋を許可していました。菊池の影響を受けて、周囲の作家や編集者はこぞって将棋を指し、将棋を知らない編集者は菊池から原稿をもらえないこともあったそうです。

昭和の初期のある週刊誌に「文壇将棋天狗番付」というコラムがあり、十人ほどの作家が似顔絵で登場しています。菊池寛と幸田露伴が将棋を指し、久米正雄、山本有三、佐佐木茂索、広津和郎らが盤側で観戦する絵柄でした。当時の文壇では菊池と露伴がとくに強かったといいます。

また昭和三十年ごろには、文藝春秋社の主催で「文壇王将戦」が定期的に開かれましたが、それには井伏鱒二、尾崎一雄、瀧井孝作、永井龍男、有馬頼義、梅崎春生、豊田三郎、五味康祐、柴田錬三郎らが参加しています。

また、菊池寛は将棋の極意についてこうも書いています。

「将棋の勝敗は、各人の強弱に依ること勿論《もちろん》であるが、然《しか》しそればかりではない。非常に微妙な心理の影響もある。敵を怖れても行かず、侮っても行かない。その他、心に喜怒哀楽があっては駄目である。水の如く澄んだ心で、盤上駒無く盤前相手無きの境地に入らなければ駄目である」

(「将棋の話」)

そしてあらゆる競技の中で、将棋ほど趣が深くて、心理的で、人格的であるものは少ない、将棋は技術だけの争いでなく、技術以上心術の争いであり、人間全体の争いであるようだとも書いています。この「将棋讃」というエッセイの終わりは、次のような言葉で締めくくられています。

「夏の暑熱を忘る丶に、何ぞ山水をもちいん。人生の苦悩を忘る丶に、何ぞ酒色をもちいん。四十の駒子《こま》、方尺の盤あらば、以て別天地に優悠することが出来るのである。将棋の徳、また讃するに堪えたりである」

菊池が好んだ言葉は、「人生は一番勝負なり。指し直し能わず」でした。

この言葉に関して吉川英治は、「これを見るたびに私はほほ笑ましくなる。その字も文句も余りにも文雅的でないからだ。文筆を解しながら、また、文豪ともいわれながら、あんなに迄、文臭を持たない文学者はなかったとおもう」と書き、一個の世俗的な大人であり、稀に見る量と幅を持った人物だと書いていています(『吉川英治全集第四十七巻』)。

菊池の将棋好きは、単に趣味の昂《こう》じたものというレベルのものでなく、またそれについて語られた言葉は、常識と非常識を丸ごと抱え込んだ、菊池という人物のスケールの大きさを物語っているように思います。そうした菊池の人物像について書いた吉川英治の言葉をもう少し引いておきます。

「ひと口にいうならば、〝人間菊池氏〟とは、聡明良識な大常識家であるとともに、私行的にはそれと正反対なわれわれの常識とはケタ違いな非常識をもたくさんもっている――余すなき人間性を具備した一箇の人間――といえるかとおもう。要するに偉《おお》きかった。長短両面ばかりでなく、四面も八面ももっていた。だから賞揚すればいくらでも賞揚できる。また、クサせばいくらでもクサし得る点もあった」

吉川はこう書きながら、「叡智な文化人菊池」と、「ありのままの人間菊池」とは、一見矛盾だらけに見えつつ、実はそれが菊池の中で見事に融合しているといい、「文化性と野生と、科学性と非科学性と、常識と感情と、いくらでも相対し得る両面性が全部菊池さんのなかにはあった」と書いています。

この吉川の言葉は、まさに菊池という人物の巨《おお》きさと奥深さを見事に語ったものといえます。

一九四八（昭和二十三）年三月、菊池は胃腸をこわし数日間病臥していましたが、やがて回復し、三月六日に家族や主治医らと全快祝いをした際、気分が悪くなり、狭心症のためそのまま息を引き取りました。享年五十九歳でした。

その急逝のあと発見された遺書には、「私はさせる才分無くして文名を成し、一生を大過なく暮らしました。多幸だったと思います。死去に際し、知友及び多年の読者各位に厚く御礼申し上げます。ただ国家の隆昌を祈るのみ。吉月吉日　菊池寛」とありました。

『古川ロッパ昭和日記』によると、菊池の通夜にはロッパのほか、山本有三、瀧井孝作、浜本浩、吉川英治、佐佐木茂索らが集まり、林芙美子が、「ロッパさん、文藝春秋時代思い出すわねえ」と、目を泣きはらして語っていたことなどが書かれています（一九四八年三月八日）。


菊池寛の墓から東へ真っ直ぐ四百メートルほどの名誉霊域通りと呼ばれる大きな通りから少し入ったところを歩いていたとき、「王将」と刻されたひときわ目立つ石碑に出会いました。その白御影の墓碑は将棋の駒を象《かたど》ったもので、表面に大きく「王将」の文字があり、その左に「十五世名人　大山康晴之書」と書かれています。

その「王将」の文字は名人らしい迫力を持ったものですが、どこか温かく、訪ねるものに親しく語りかけてくれるようです。

中央にある墓碑には、「大山家之墓」とあり、てっきり大山名人の墓かと思ったのですが、実は大山康晴の墓ではありませんでした。調べてみると、大山の墓は岡山県倉敷市にあるのです。ですから、大山を、多磨霊園の埋葬者に含めて扱うことはできません。ただ、ここでは大山書の、この「王将」の碑に因んで、菊池寛との関係から、大山を取り上げることにしました。

大山は一九二三（大正十二）年、岡山県生まれ。一九三五（昭和十）年木見金治郎九段に入門、一時兵役につきましたが、戦後復員し、一九五〇（昭和二十五）年、第一期九段戦で初タイトルを獲得。五二年、第十一期名人戦で木村義雄名人を破って二十九歳で名人位を獲得しています。

大山の永遠のライバルに升田幸三がいますが、この両者の熾烈な戦いは長く語り継がれるところとなりました。升田との激戦を繰り広げながら、あるときは大きな屈辱を味わいながらも、一九六二（昭和三十七）年には名人、王将、十段、王位、棋聖の初の五冠を達成し、一九七三（昭和四十八）年には永世王将となります。通算の勝利が一千四百三十三勝、獲得したタイトルは八十を数えます。日本将棋連盟会長を務めるなど将棋界の振興に力を尽くし、一九九〇（平成二）年には将棋界では初めての文化功労者に顕彰され、そのほか紫綬褒章、NHK放送文化賞など多くの賞を受賞しています。

数々の賞を受けた大山ですが、その受賞歴の中に一九八七（昭和六十二）年の菊池寛賞があります。

受賞理由は、「十五世名人、A級在位四十年、いまなお現役棋士として活躍する一方、将棋界の発展に尽くした」ということでした。

大山はその受賞のときのことをこう書いています。

「昭和六十二年、私は永年の将棋を通じての貢献に対して、日本文学振興会より菊池寛賞を頂戴した。俳優の笠智衆さん、評論家の村松剛さん、そして創刊六十年の岩波文庫と一緒の受賞だった。幼い将棋指しの卵であった頃に指した菊池先生との一局を想い出し、これも何かの縁なのかと、感慨を一層深くした。一期一会――その思いが、今も私の心の奥から離れない」(『わが出会い 交遊録六十五年』)

大山はホテルオークラで行われた授賞式で、若き日に菊池寛と対戦した秘話を紹介しました。

「(師匠である)木見先生に代わって、西下されてホテルにいる菊池先生に稽古にうかがった。こちらが指導するのでなく、アマチュア離れの強豪であった先生の方が子供の私に教えるような指し方で、初段か二段であった私は本気で戦って負かしてしまった」(『棋風堂堂』)

そんなエピソードを紹介しながら、大山はこの受賞を何より喜び、そして励みになったと語っています。

晩年は大腸がんや肝臓がんと闘い、入院手術を繰り返しながらも復帰を果たし、A級の座を守り通しました。大山はあるところでこう書いています。

「私の禁句は〈年だから〉と〈疲れた〉の二つであった。やせがまんと言われようとも、二つを

禁句にすることが若さを保つことになると信じていた」（前掲書）

そして生涯現役を貫き、一九九二（平成四）年、その六十九年の生涯を閉じました。

なお、最近の新聞（二〇一三年二月十六日）によると、加藤一二三九段が歴代単独二位となる、一千三百九勝目をあげたということです。このことからも、歴代一位の大山康晴名人の一千四百三十三勝という数字がいかに突出したものであるかが納得できます。

一芸を極め、波乱の人生を送った大山は、心に響き、「人生」に通じる多くの言葉を遺しました。そのいくつかを見てみます。

「攻めが含まれた受けが大事だ」

「いちばんの難敵は自分自身である」

「真の実力者は、常にひかえめなもの」

「優勢の中にこそ最大の危機がある」

「勝っておごるな敗れて泣くな」

「敗者の悲哀を味わってこそ、そのもの本来の深さがわかる」

勝負の世界を語りつつ人生を語るその言葉には、深い説得力があります。

将棋の名人大山はまた、人生の名人でもありました。

余談ですが、この霊園には大山名人の「王将」碑のほかに、先の菊池寛がその友情の証として建

直木三十五追悼碑

てた、「直木賞」で知られる作家直木三十五の追悼碑もあります（直木の墓は横浜市金沢区の長昌寺にあります）。

それは菊池寛の墓から南へ歩いて凡《およ》そ四分ほどの場所にあり、そこに菊池寛による、以下のような碑文が刻されています。

「直木三十五ノ文名ハ　自ラ不朽ニシテ金石ニ刻シテ後世ニ伝フル必要ナキヲ信ズ　タダ知友彼ヲ偲ブノ情此處ニコノ碑石ヲ建ツ後人コノ碑畔ヲ過ギリテ思ヒヲ彼ノ作品ニ走スルコトアラバ幸也
昭和十年二月二十四日」

同じくこの霊園に眠る吉川英治はこの直木の碑についてふれ、「文辞も菊池寛のふだんのままで、いかにも友達が建てたものという友情があふれていて、国家碑にも、戦役碑にも見られない。一つの〈友情碑〉を見せている」と書いています（『草思堂随筆』）。

こうして、菊池寛、直木三十五、吉川英治、川端康成などを含めて、数多くの作家たち、あるいは芸術家たちの交友関係を辿《たど》るのも、この霊園探訪の大きな魅力の一つであるといえます。それは、私たちを更なる思索の曠野《こうや》へと導いてくれるように思います。

第二章　時代を拓く

内村鑑三の墓

新渡戸稲造の墓

聖書と武士道
――内村鑑三と新渡戸稲造

ほぼ同時代を生き、南原繁や矢内原忠雄ら多くの門弟を育て、非戦と平和を唱え、キリスト教徒として生涯を貫いた二人、内村鑑三と新渡戸稲造もともにこの霊園に眠っています。
霊園のほぼ東の端、東門から入ってすぐ近くに、白御影の洋型の墓碑に英文で書かれた文字の墓が目に付きます。内村鑑三の墓です。

I for Japan,
Japan for the World,
The World for Christ,
And All for God.
（われは日本のため、日本は世界のため、世界はキリストのため、
そしてすべては神のために）

無教会主義を唱え、「二つのJ」（日本とイエス）に仕えることを信条とした内村が遺《のこ》した言葉です。

内村の名は海外でも広く知られていたようで、長く親交のあった新渡戸稲造は、「旧友内村鑑三氏を偲《しの》ぶ」という短文の中でこう書いています。

「同君（内村）の名は独《ひと》り日本のみならず海外にも伝わり、日本に来る外人が同氏を訪ねることを以て日本滞在の一大楽しみとなしたものも少なくない。中には同氏を訪ねるを目的としてわざわざ日本に渡ったものさえある。而《しか》して彼に逢《あ》う者は必ず一種のインスピレーションを受け、偉大なる人格に接した気分を得て去る」（『内村鑑三を語る』）

内村は一八六一（文久一）年高崎藩士の子として江戸藩邸に生まれます。一八七七（明治十）年、新渡戸稲造らとともに札幌農学校に学び、クラークの遺した教えに感化されて、キリスト教徒となります。卒業後一時農務省に勤めますが、一八八四（明治十七）年、役所を辞して渡米、クラークの卒業したアートマス大学に学びます。

帰国後第一高等中学校（一高の前身）で教鞭をとりますが、教育勅語奉読に際して最敬礼すべきところを拒否したという、いわゆる不敬事件が起こります。当時内村に対する非難の眼は激しく、新聞に「不忠の臣」と書かれ、一八九一（明治二十四）年一高講師の職を追われ、生活は困窮を極めます。しかし、その難局の中でなお信仰への道を究めていきます。

新渡戸稲造は先の追悼文の中で、こう語っています。

「内村君の長所は信仰が強い許《ばか》りでなかった。尤も信仰の深いのがその基《もとい》となっているとは云いながら、強い信仰の他に同君には非常なる勇気があった。自分の初心は怯《お》めず臆せず之を反対者の前であれ、所謂《いわゆる》人の面を顧みることなく、明らかに大胆に述べる其の勇敢さは稀に見るものであった。一時有名であった彼の不敬事件の如きは何よりの証拠である」（前掲書）

内村の身近に接し、その薫陶を受けた思想家河合栄治郎も、この不敬事件に際しての内村の姿勢に対して深い畏敬の念を語っています。

河合は、「先生の筆は強く、その言葉は更に力強い、更にそのライフは不断の戦闘であった」と書き、そして内村から、「正しきもの、美わしきもの、誠なるもの、義なるものに対する憧憬を以て、悪しきもの、穢《けが》れたるもの、不義なるものに対する苦闘を続くべきを教えられた」と書いています（「戦いと愛と」）。

一八九七（明治三十）年、「万朝報」記者となり、社会評論に健筆をふるい、足尾鉱毒事件では鉱毒反対運動にかかわりました。また、「真理は国家よりも大なり」という信念に基づいて、日露戦争に対し非戦論を展開しました。日露の開戦の前夜とも言うべき時期に、内村はこう書いています。

「悪しき手段を以てよき目的に達することは出来ません、殺人術を施して東洋永久の平和を計らんなど云うことは以ての外の事であります、平和は決して否な決して戦争を透うして来りません、平和は戦争を廃して来ります、武器を擱《お》くこと、是れが平和の始まりであります」（「聖書之研究」）

かつて、日清戦争の開戦に際して、これを「義戦」とした内村でしたが、ここでは明確に非戦を主張しています。

内村は既成教会のあり方を批判し、雑誌「聖書之研究」を主宰し、無教会主義の立場から、伝道と研究に尽力しました。そして精力的な著作活動も展開し、『基督信徒の慰め』『余は如何にしてキリスト信徒となりし乎』『求安録』などの名著を遺しています。

また、その日曜集会における内村の聖書講義は真摯な姿勢と独自の信念を貫くものでありました。長年内村の助手を務めた畔上賢三はこう書いています。

「先生の聖書研究は、常に精神を深く探りて之を強く人の心に印象するものであった。天性の独創力がそこに充分に力をあらわした。先生の講義には書物の黴のくさみは全くなかった。預言者のごとく、詩人のごとくに、先生は自ら源流に汲んだものを携え来ったのであった。拵《こさ》えた講義ではない、練りあげた講義ではない、たゞ流れ出た講義であった。そこに他の人の企て及びがたき非凡性があった。その内容に於いて必ずしも完璧ではなかった。整然たる秩序を缺《か》いていた。しかし或る一つの事を強く深く聴者の心に印象する不可思議の力があった」（「日本聖書雑誌」）

そこには、講義というもののもう一つの本質的なこと、魂の共振とでもいうべきものについて語られているように思います。

こう見てくると、このあとで取り上げる南原繁や矢内原忠雄などのほか、作家の有島武郎、大賀ハスの研究で有名な大賀一郎など内村から深い影響を受けた人物が少なくないのも頷けるように思います。そして、それぞれが内村と同じこの霊園に眠っているのです。

内村の信条を表す言葉として、先に挙げた「二つのJ」がありますが、内村はその著『代表的日本人』のドイツ語訳版後記で次のように書いています。

「私はサムライの子の中でもっとも卑小なる者、イエスキリストに従う者の中でもっとも卑小なる者であります。いずれの関係においても、もっとも卑小なる者でありますが、それにもかかわらず、現在の自分のうちにあるサムライに由来するものを、無視したり等閑に付したりすることはできません。まさに一人のサムライの子として、私にふさわしい精神は自尊と独立であり、狡猾な駆け引き、表裏のある不誠実は憎悪すべきものであります」

敬虔なキリスト教徒でありつつ、なお日本人としてその伝統の持つ重さを忘れてはならないという内村の心情がこめられています。

新渡戸稲造も、「（彼の言行を細かく調べてみると）如何《いか》に彼はキリストの忠実なる従僕であったと同時に、如何に真剣なる日本人で、また日本の忠良なる臣民であったかゞ明らかである。彼の愛国、彼の忠義、彼の友情は何れも確固たる信念を基として出たものである」と書いています。それは先の墓碑の言葉にも明確に語られています。

内村は一九二九（昭和四）年体調を崩し、病床につきます。心臓肥大、心嚢《しんのう》水腫などの心臓疾患のため病状はなかなか快方に向くことはありませんでしたが、その病床でもなお、「もし御心《みこころ》ならば再び健康を回復して福音のために働けますよう。御名によりて、アーメン」と語っています。

その最期のとき、病の床にあった内村は、発作に苦しみつつ、「人類の幸福と日本国の隆盛と宇宙の完成を祈る」「奇跡を以ってこの病を癒したまえ。ただし、自分のためならず、福音のためにこの病を癒したまえ」と語ったといいます。

最後の最後まで二つの「J」にこだわった、内村らしい言葉でした。

それはかつて内村が語った、「自分の生涯に於いて、死にたいと思うたことが二度ほどあった。しかし父のことと、日本国のことと、神様のこととを思うて止めた」「他人を見るのに、主義を以てせず、愛を以てしなければならぬ。これがキリストの遣り方である。こうすれば、他人を他人の立場から見ることが出来る」という言葉と響きあうものです。

そして一九三〇（昭和五）年三月二十八日、その波乱の生涯を閉じました。享年六十九歳でした。

その内村の墓には、先の言葉が刻まれていますが、その下に「妻静子とともに眠る」と記され、右手には長男で精神医学者、プロ野球コミッショナーも務めた内村祐之の墓碑が並んで建っています。

内村の墓碑に刻まれた言葉を目にし、平成のいまに至るまで読み継がれているその著作のいくつかを思い浮かべながら、内村という人物とその時代について、もっと深く知りたいという思いを新たにしました。この霊園の散策は、そうした深い思索への誘《いざな》いともなります。

時代と抗《あらが》い、数々の批判と戦いながら激動の時代を駆け抜けたその精神の強靱《きょうじん》さに思いを馳《は》せるとき、紛れもない巨人の姿と、その生きた時代をそこに見ることができるように思います。

その内村の墓碑から程近いところに、新渡戸稲造の墓があります。内村と新渡戸は、かの札幌農学校の第二期生として学んだ同窓です。

新渡戸は、あの五千円札の肖像でも知られていましたが、近年その著『武士道』が話題となり、脚光を浴びました。

背の高いツゲの生垣に囲まれた静謐《せいひつ》な空間の正面にある赤御影の墓石には「新渡戸稲造」の文字が刻まれ、その下に稲造とメアリー夫人の名が英字で刻まれています。かねて新渡戸の本をもう一度読み直そうという思いがあったゆえか、その墓に遭遇したとき、どこか深い感動と懐かしさを覚えました。

実際、新渡戸の墓を訪ねるファンは少なくないようで、私も散策の途中、その墓の場所を聞かれたことが再三ありました。

新渡戸は一八六二(文久二)年、岩手県生まれ。九歳で上京し、十三歳で東京英語学校に学び、その後札幌農学校の第二期生として入学、同期に内村鑑三がいました。あの有名なクラーク博士は一年で同校を去っていましたが、その薫陶を受けた一期生たちの影響を受け、キリスト教の信仰に入りました。

その後東京帝国大学文学部に入りますが、そこでの教育に失望し、私費で留学し、ジョンズ・ホプキンス大学に入学、そこでプロテスタントの一派であるクエーカーに出会います。無教会で、非暴力と平和を主導するこの集会所に参加し、そこで同じくクエーカーの女性メアリー・エルキントンと出会い、結婚します。

やがていったん帰国しますがさらに官費でドイツに留学、ボン大学、ベルリン大学などで農政や農業経済学を学びます。帰国後、母校の札幌農学校、台湾総督府技師、京都大学教授を経て一九〇六（明治三十九）年一高（第一高等学校）校長に就任し、一九一三（大正二）年まで在任し、多くの学生たちに強い人格的な影響を与えました。そして東大教授、東京女子大学初代学長を務め、多くの若者たちがその深い薫陶を受けました。

そして一九二〇（大正九）年、第一次世界大戦後創立されたばかりの国際連盟事務次長としてジュネーブに赴任、一九二六（昭和一）年まで在任します。国際連盟での新渡戸の仕事の一つに、戦争回避のために各国の知識人たちに呼びかけた「知的協力委員会」があります。この会には、アインシュタインやキューリー夫人などの著名な知識人が参加し、人類の知的課題と平和の問題などを議論する場となりました。

「太平洋の架け橋」たらんとして、生涯を国際平和のために捧げたその生き方と思想は、多くの人に影響を与えました。

新渡戸の著作の中で、とくに『武士道』は英文で書かれたものですが、日清戦争直後の当時、日本に対する関心が高まっていた時期でもあり、ドイツ語、フランス語、ロシア語など多くの言語に翻訳され、幅広く読まれました。

新渡戸がこの本を書いたのは、ベルギーの法学者・ラヴレーに、あなたのお国の学校には宗教教育はないのか、ないとすればどうして道徳教育を授けるのか、という質問を受け、それに即答できなかったことが契機でした。そのときのことを新渡戸はこう書いています。

「当時、この質問は私をまごつかせた。私はこれに即答できなかった。というのは、私が少年時代に学んだ道徳の教えは学校で教えられたのではなかったから。私は、私の正邪善悪の観念を形成して居る各種の要素の分析を始めてから、これ等の観念を私の鼻腔に吹き込んだものは武士道であることをようやく見出しのである」（『武士道』第一版序）

その冒頭は、「武士道はその表徴たる桜花と同じく、日本の土地に固有の花である」と書き出されています。

そしていま、この日本でも、あらためてこの本が読み直され、新渡戸への関心が高まりを見せています。先にも書いたように、私が新渡戸の墓の周辺を歩いているとき、その墓を訪ねる人たちにしばしば出会ったのも、その証しの一つかもしれません。

新渡戸はその後メアリー夫人とともにアメリカに渡り、各地で講演活動を展開していましたが、一九三三（昭和八）年、カナダのバンフでの太平洋会議に出席し、その折腹痛に襲われビクトリアのジュピリー病院に入院します。開腹手術の結果、出血性すい臓炎と判明しましたが、そのまま回復することもなく、この異国の地でメアリー夫人に看取られながら静かにその生を閉じたのです。享年七十一歳、内村の没後三年のことでした。

後に、「外国人の妻を残してゆくが、よろしく頼む」と書かれた紙片が遺されていました。「太平洋の架け橋」たらんとした初志を、生涯貫き通した人生でした。

かつて東大総長を務めた矢内原忠雄は、太平洋戦争終結後まもない一九四六（昭和二十一）年九月二十七日、内村と新渡戸が学んだ札幌農学校を前身とする北海道大学での講演で、「人間の一生は神の結び給い又導き給うところでありまして、考えて見まするとと、内村、新渡戸両先生なくしては今日の私は無かったのであります。……内村、新渡戸両先生は私にとりては太陽のごとく月の如く、父の如く母の如くである」と語っています。

矢内原は、「内村鑑三と新渡戸稲造」と題するこの講演の中で、さらにこう続けています。

「（内村と新渡戸の）この二人の先生が建てようとした如く日本の国が建てられたならば、日本は今日の悲惨なる国辱・国難を見る事なくして、我々も諸君も平安に学問に従事し、仕事に従事することが出来たであろう。然《しか》るにこの両先生の志したところに反対する思想と勢力が日本を指導したが為に、今日の有様となったのである。……二人は日本を潔め、日本を近代的な国として開き、義《ただ》しき国、名誉ある国民となすために、生涯を献げて戦った〈戦の具《うつわ》〉であります。……内村、新渡戸両先生仆《たお》れて、日本の外見は滅びました。しかし之を以て日本国が永久的に奴隷的状態に沈淪すると思う者に恥辱あれ。私共は崩れるものを崩れさせましょう。誤謬《ごびゅう》の精神によって指導せられた誤謬の日本は、壊滅するままに壊滅させましょう。しかし神にあってこの愛する日本を復興する道と力と志は、内村、新渡戸両先生のあとを嗣《つ》いで、我々がみずから立たなければならないのです。そして立ち得るのです」（『内村鑑三と新渡戸稲造』）

戦後の混乱と閉塞感の支配する状況の中、矢内原は、内村、新渡戸の志を継承することの重さに

新渡戸稲造像

ついて、若者たちに熱く語りかけたのです。

内村は一八六一年生まれ、新渡戸は一八六二年生まれ、没年はそれぞれ一九三〇年と一九三三年と、二人は明治・大正・昭和というほぼ同時代を生きたことになります。二人の生きてきた軌跡を辿《たど》るとき、そして二人の著作がいまだに広く読み継がれているという事実に眼を向けるとき、同じ霊園の近くに眠るこの二人が、日本人の精神史形成に与《あずか》るところ少なからざることにあらためて気づかされます。

一見、この二人はもう過ぎ去った時代の「知の巨人」というイメージがありますが、決してそうではありません。二人の生きた姿や語った言葉には、この混沌とした閉塞の時代に生きる私たちに、少なからぬ示唆を与えてくれるものがあるように思います。

日本という国が、軍事大国化と戦争へとひたすら突き進んだ時代、自らの信念のもと、信仰と国際平和のために生涯を貫いた二人はいま、何を語りながらこの国やこの時代を見つめているのでしょうか。

また、新渡戸が旧制第一高等学校校長時代に、彼の薫陶を受けた元東大総長南原繁、矢内原忠雄の墓もこの近くにあります。内村、新渡戸、南原、矢内原たちが、今こうして比較的近い場所に眠っているのも、どこか不思議な縁を感じます。そんなつながりの再発見や出会いの不思議さを痛感させられるのも、この霊園散策の醍醐味であり、感動でもあります。

それはまた、日本近代の精神史を訪ねる思索の旅でもあります。

発言する東大総長
――南原繁と矢内原忠雄

新渡戸稲造の墓から西へ進み、少し南へ下って、バス通りを越えると、かつて硬骨の名総長として知られた、元東大総長南原繁の墓があります。

南原繁というと、どこか近寄りがたい「巨人」というイメージがありますが、実は学生を愛し、スポーツ中継や美空ひばりの唄を楽しむという心やさしい「情の人」でもありました。

その墓は正門から程近い位置にありますが、墓域はそれほど広くなく、ナンテンなどの植栽に囲まれて静かなたたずまいを見せています。「南原家之墓」と刻された墓碑があるのみの簡素なものですが、これがあの南原総長の墓かと、感銘深いものがありました。

南原は一八八九（明治二十二）年生まれ。香川県出身で母親の影響を受け、幼少時から独立心が強く、向学心に燃えていました。旧制県立高松中学校大川分校を経て、一九〇七（明治四十）年第一高等学校に入学、その後東京帝国大学法学部に進みますが、そこで内村鑑三や新渡戸稲造と出会うことになります。新渡戸は当時の一高の校長で、その西欧的教養とヒューマニズムの精神は多くの学生たちに強い影響を与えました。また、無教会主義のキリスト教徒であった内村鑑三との出会いは「生涯の師」として、南原のその後の人生に決定的なものとなりました。

卒業後一時内務省に入省しますが、やがて一九二一（大正十）年、助教授として母校に戻り、ヨーロッパに留学します。南原が学んだベルリン大学には、同じ内村門下の矢内原忠雄も留学していました。その後、フランス、イギリス、アメリカを経て三年間の留学生活を終えた南原は母校東京帝大法学部に復帰し、政治学史を担当します。『国家と宗教』『フィヒテの政治哲学』などの著作を遺《のこ》し、教え子の中に福田歓一（政治学史）、丸山真男（日本政治思想史）などが居ました。

南原が東京帝大に在職していた時代、とくに満州事変、五・一五事件、そして日中戦争を経て、日本が国体イデオロギーを柱とする軍事体制へと突き進む中で、大学は大きな危機に直面していました。美濃部達吉の天皇機関説事件、矢内原事件、津田左右吉事件、滝川事件など、学問の自由に対する当局の介入と弾圧は激しさを増すばかりでした。

こうした状況の中で、南原はひたすら自由と真理のためにその研究に取り組んでいました。ただ、それはかなりの緊張感を伴うものでした。南原には『形相』という歌集があるなど、歌人としても知られていますが、その頃（昭和十二年）に作った歌があります。

この一年の講義終へけり　われ机にむかひて熱き涙とどまらず

これは、一年間の講義を終えて研究室に戻ったときの感懐を詠《よ》んだものと言われていますが、ファシズムの嵐が大学の内外にも激しく吹き荒れるという、その時代的背景を考えるとき、南原の深い思いが伝わってくるようです。

そして日本が敗戦から占領期、復興へと向かう一九四五（昭和二十）年から一九五一（昭和二十六）年まで東大総長を務めましたが、その入学式や卒業式などの式典における学生へのメッセージは強烈なインパクトを持ち、新聞などでも紹介され、広く一般の人にも影響を与えるものとなりました。

南原とはその思想的立場は異なりますが、ほぼ同時代を生き、同じく東大教授を務めた経済学者大内兵衛は、南原の演説についてこう書いています。

「だまって勉強ばかりしていた南原君であったけれども、終戦と同時に推されて大学の総長となったとき、この総長は意外にも、これまでの沈黙の口をひらいて、卒業生をおくり、社会に向かって大学の任務についても語るようになった。この総長のことばは、これまでの総長の単なるお別れのことばとは全くちがったものであった。それは〈学問とは何ぞや〉、〈学問をするとは何ぞや〉についての彼南原総長の独得の哲学であった。それはまさに政治学の担当教授南原繁でなくてはいえない調子の高いことばであった。それは何年も何年もくり返しくり返し考えぬいた、大きな彼の理想のイメージであった」（『回想の南原繁』）

因《ちな》みにこの大内兵衛も、同じこの霊園の南原の墓から二百メートルほど北に眠っています。

南原の言葉が広範な影響力を持つものであったと先に書きましたが、とくに戦後間もない一九四六（昭和二十一）年に行われた総長演説「新日本文化の創造」は、敗戦の混乱の中で模索しつつ戸惑いを隠せなかった世の人たちにとって、大きな拠りどころともなるものであり、圧倒的な反響を呼びました。

一九四七（昭和二十二）年には教育刷新委員会委員長となり、戦後の教育改革にも尽力しました。またサンフランシスコ講和条約に反対し全面講和を主張し、当時の吉田首相から「曲学阿世《きょくがくあせい》の徒」と批判されましたが、南原はこれに対して学問への冒瀆《ぼうとく》であると反論しました。「曲学阿世」とは、学問の真理を曲げて世におもねるという意味ですが、当時、この言葉を初めて耳にする人も多く、この両者の対決は大きな話題になりました。権力と対決し、自身の信念に忠実であろうとする南原の姿勢は多くの人びとの共感を得ました。

そして、東大総長を離任する際、「真理は最後の勝利者である」という言葉を遺しました。

こう見てくると、なんとも近寄りがたい堅物にも見えますが、実は弟子や学生に対する目配りも欠かさない、情の人でもあったようです。弟子の一人である福田歓一は、南原が東大総長を退任するとき、学生自治会の開いた「送る会」において、「在職中にいちばん心を痛めたのは、（学内デモなどで騒いだ）学生たちを処分しなければならなかったことだ。諸君が、処分された学生たちに会うことがあれば、大学の門は閉ざされているが、南原の門は常に開かれている、と伝えてもらいたい」と語ったと書いています（週刊新潮編『昭和の墓碑銘』）。

また、南原にはもっと人間くさい一面もあったようです。家の中では政治の話はほとんどせず、留学中に聴いたオペラの話をしたり、テレビは相撲とか、高校野球をよく見たそうです。また美空ひばりや三波春夫が好きな、涙もろい感激屋でもあったようです（前掲書）。

晩年も健康でしたが、あるとき恒例の朝の散歩の途中疲労を感じ、虎の門病院で検査した結果、胃がんと判明しました。病状はかなり深刻で、医師団は手術を断念し、その後自宅で療養に努めましたが、発病の翌年一九七四（昭和四十九）年、その長い生を閉じました。享年八十四歳でした。

南原の墓の近くには舟橋聖一、小泉信三、賀川豊彦らの墓があります。また、南原をかけがえのない師と仰ぐ政治学者丸山真男も、同じこの霊園の一角に眠っています。

その南原とともに、内村鑑三や新渡戸稲造の影響を受けた一人に矢内原忠雄がいます。

その矢内原家の墓は霊園の正門近くにあります。墓碑の前にはきれいな砂利が敷き詰められ、その先の洋型の白御影の墓石には、「清き岸辺に」と刻されています。墓域全体が清楚《せいそ》な雰囲気を醸し出し、その生涯を振り返るとき、静かな感動を誘います。

矢内原忠雄は一八九三（明治二十六）年愛媛県生まれ。医者である父から武士道の薫陶を受け、また第一高等学校では、当時校長であった新渡戸稲造から深い影響を受け、内村鑑三の聖書研究会に入門を許され、熱烈なキリスト教徒となりました。

矢内原は当時のことをこう書いています。

「新渡戸先生が私どもに人間の自由ということについて、自由と責任ということについて、深い教えをされたということは、内村鑑三先生の信仰に基づいての教えと相並んで、私という人間を組み立てた、たて糸、よこ糸となっているといっていいと思うんです」（『矢内原忠雄全集』）

矢内原には学究と信仰一筋というイメージがありますが、大学卒業後いったん住友に就職し、別子鉱業所に勤務しました。そして三年後、国際連盟事務次長として転出した新渡戸稲造教授の後任として、母校の東大経済学部助教授として植民地政策の講座を担当しました。そして『植民及植民政策』『帝国主義下の台湾』『満洲問題』などの著作を通じて植民地の実態や植民政策について鋭い分析と批判を示しました。

日本が全体主義、国家主義へと突き進むなか、その一つのシンボリックな事件というべき二・二六事件が起こった一九三六（昭和十一）年に矢内原の講義を聞いた山下次郎（後の東大教授）は、こう書いています。

「それは昭和十一年のことで、二・二六事件の年のことです。矢内原先生の講義は烈《はげ》しいものでした。先生は我々に富の再生産ということを講義された時に、〈同じ米の飯であっても、職工の食べる飯と兵隊の食べる飯とでは経済上の価値が異うのである。一方は再生産に用いられるが、一方は無駄に消費されてしまう〉というような事をいわれました。先生はその時にきっとイザヤの言葉を思いうかべておられたのでしょう」（『矢内原忠雄伝』）

その舌鋒の鋭さに、逆境の中での矢内原の強靱《きょうじん》な意志と信念を見ることができます。

さらに一九三七（昭和十二）年、盧溝橋事件直後に「中央公論」誌上に発表した「国家の理想」は反戦思想として大学の内外から激しい攻撃を受けることとなりました。しかし矢内原はその後も信念を変えることなく執筆と発言を続けました。しかしながら批判と攻撃は一層激しくなり、ついにその職を辞することになります。

そして一九四五（昭和二十）年、敗戦のあと再び東大教授として復帰し、経済学部長、教養学部長を経た後、南原繁総長の後を受けて東大総長に就任しました。その傍ら、今井館聖書講堂での日曜聖書講義を続けました。

ここに、『現代に求められる教養を問う』という一書があります。「新渡戸稲造、南原繁、矢内原忠雄、吉田富三に学ぶ」という副題がつけられておりますが、この本の編者は東大医学部長などを務めた鴨下重彦です。南原や矢内原の弟子や後継者ではなく、医師である鴨下の編著であることにも、南原繁や矢内原忠雄の影響力の大きさや薫陶の深さを示すものとして興味深いものがあります。

その中で鴨下は矢内原忠雄の現代的意義についてこう語っています。

「今、我々が先生から学ばなければならない第一のことは、やはりキリスト者としての真実な先生の生きざまです。単に信仰を持っていたということでなく、先生の場合、優れた伝道者であり、正義を重んじ、悪と戦う預言者としての風格、資質というか、権威を持っておられたと思います。

戦前、ファッショ、軍国主義、帝国主義に抗して叫び声を上げていた人物は本当に数少ない。その意味で先生は、一貫性のある平和主義者であったと言えます。それだけ、時代を超えた説得力があります」

鴨下はさらに教育者としての矢内原について、「学生を愛せよ、夢に見るまで」という言葉を引いて、学生の魂を愛し、学生に寄り添うその姿勢について語っています。

その矢内原は、家庭人としては厳格で、子供たちにとっては怖い存在であったようです。長男の伊作は、「子供にとっての父の印象は、こわいの一語に尽きた。父が二階に居るということだけで、私たちはいつもびくびくしていた。父がガタガタと音をたてて階段をおりてくる。その音がきこえただけで、私たちは顔色を変え、あわてて居ずまいを正した。父がトントンと階段をあがる、その音がきこえると私たちは〈やっと昇天してくれた〉と胸をなでおろし、一息つくのだった」と書いています（『矢内原忠雄伝』）。

そのように書きつつ、伊作は、父はすぐれた尊敬する人物である一方で、「むろん聖人でもなければ君子でもない。彼もまた弱い人の子であり、人間としての欠点もあり、そのことは他の誰よりも本人自身がよく知っていたであろう」と書いています。

実際、矢内原忠雄自身その著『余の尊敬する人物』の中で、尊敬する人物として取り上げた条件として、一、真理を愛したこと、二、誠実であったこと、三、平民的であったことに加えて、四、欠点ある人物であったことをあげ、最後の四についてこう書いています。

「私は欠点のなき人物、若しくは欠点なき人物となることを理想とする如き人物を、尊敬する気になれない。そのような人物は、第一おもしろくない。又親しめない。これに加えて、大体偽善者であると思って間違いないのである。欠点のある人物、若しくは欠点をつつまずに出す人物は、少くとも正直である」

偉大なる学者であり、完璧な人格者というイメージの矢内原ですが、この言葉を聞いたとき、一瞬ある種の意外性を感じるとともに、矢内原という人物に深い共感と親しみを感じたのでした。

矢内原は一九六一（昭和三十六）年、六十八歳でその生涯を閉じますが、彼が最も好んだ言葉が「真実」という言葉でした。長男伊作は、父忠雄が最後を過ごした病室の壁には彼の自筆の書が掛けてあったといい、「そこには父の特愛の聖句の軸物があり、また〈単純〉と書かれた色紙、〈真実〉と書かれた色紙があった。単純と真実、これが父の思想の、またその生涯のライトモチーフだったと言ってもいいだろう」と書いています（前掲書）。

矢内原の墓から受けた簡素で静謐な印象は、この単純と真実ということばと深く交錯しているように思えてなりませんでした。

大学がまだ「帝国大学」であり、「象牙の塔」と呼ばれていた時代、南原繁と矢内原忠雄、この二人は、タイプや人柄にそれぞれ違いはありますが、独自の個性を持ち、単に東大総長というより、その学問と信仰と信念に基づくブレのない生き方や時代や社会に対して発信したメッセージが、学生のみならず広く世間に影響を与えたスケールの大きい人物として記憶されるべきものといってもいいでしょう。

先に記したように、南原や矢内原の墓からほんの少し足を伸ばすと、新渡戸稲造や内村鑑三の墓もあり、その近さにある種の感銘を覚えました。こうした人たちの墓を続けて訪ね、その著作をあらためて繙《ひもと》いてみると、それぞれの故人への思いが一層深いものになるようにも思います。

師弟の絆

――仁科芳雄と朝永振一郎

先の、小金井門近くの野田高梧の墓から東へ百メートルほど歩いたところで、ふと立ち止まりました。それは物理学者・仁科芳雄博士の墓でしたが、そのすぐ隣に、博士の弟子であるノーベル物理学賞の受賞者・朝永振一郎の墓碑がありました。師の傍らに寄り添うように立つその姿には、どこか感動を誘うものがあり、心を打たれ、足を止めたのでした。

多くの墓が一墓所に一家族という一般的な形をとっている中で、こうした師弟が相並ぶように建つ墓はきわめて異例です。

仁科の墓は白御影の堂々たるもので、左右に灯籠が置かれ、正面に「仁科芳雄墓」と刻され、左の側面には吉田茂謹書とありました。右側には文化勲章受章者、日本学士院会員と記されています。墓碑の文字がなぜ吉田茂(当時の首相)の書なのかが疑問でしたが、調べてみると仁科の甥の仁科嘉治男の次のような文章に出会いました。

「吉田茂氏と叔父とは、余程馬が合ったらしく、自民党(最初は民主党)の総裁となり、総選挙で衆議院議員に立候補された時、公私共多忙な叔父が、珍しくも応援演説のため、同氏の高知県の選挙区に行った事が、一、二度有り、同氏が首相となってから後も、深い友好関係が長く続きました。箱根に於ける首相の週末休養の際、叔父は再三箱根に招かれて懇談したそうです」（『仁科芳雄』）

仁科と吉田との意外な関係を物語る言葉ですが、恐らく膨大な資金を要する原子核物理学の実験設備の創設や整備などのために、こうした人脈が役に立ったのかもしれません。

仁科芳雄（左）と朝永振一郎の墓

仁科芳雄は一八九〇（明治二十三）年岡山生まれ。東京帝国大学電気工学科を卒業後、理化学研究所に入り、ヨーロッパに留学、イギリスのケンブリッジ大学でラザフォードのもとに学び、さらにデンマークのコペンハーゲンにおいてニールス・ボーアのもとで研究に従事しました。一九二八（昭和三）年に帰国、同研究所で原子核・宇宙線・素粒子論の研究に没頭し、その分野での日本の発展に指導的役割を果たしました。日本初のサイクロトロンの建設者でもあり、多くの後進の育成にも成果を挙げました。

弟子の朝永振一郎によると、その研究は、当時の日本のように人びとが世界の大勢に無知であり、大規模な近代的な科学の方法を知らない風土の中では多くの困難を伴いました。

しかし仁科は、必要の前にはいかなる困難も辞さないという信念を崩さず、超人的な熱意と努力でそれを遂行し、そのためには私生活のすべてを犠牲にして、寝食を忘れて取り組んだといいます。

さらに朝永はこう書いていています。

「先生は実にお忙しいかたであった。そして死の直前までそうであった。科学研究所の社長、日本学術会議副会長、ユネスコ協力会会長、その他沢山の責任あるお仕事を引きうけて、どの方面でも他の人ではできない活動をしておられた。日本人の間ではまれにみる勢力、幅のひろい理解力、遠大な見とおしと、あくまでそれを実現しようとする熱意などで、先生は今の日本にかくことのできない人物であった」（「科学」一九五一年四月号）

また、物理学者で、『仁科芳雄　日本の原子科学の曙』の編者である玉木英彦、江沢洋は、同書の中でこう書いています。

「仁科博士は〈親方〉と呼ばれ慕われました。これはその人柄によることももちろんですが、また、全く新しい性格の学問を日本の地に根づかせる役割を担った人の宿命をも感じさせます。原子核物理学の実験という仕事は、チームの力と巨大な装置を必要とし、したがって種々の現実的な算段を避けられないものとしました。博士は、日本で最初の、現代的ビッグ・サイエンスの組織者としての役割をも生きたのです」

この二つの引用で、仁科の人物像が鮮明に浮かび上がってきます。単に研究者として有能であったばかりでなく、組織者としても類稀《たぐいまれ》な力量の持ち主であった親分仁科が活写されているように思います。

しかし、そうしたいわば先覚者としての道を歩むことは、相当な重圧と困難を伴うものでした。そんな無理が重なり、ついに病に倒れます。一九五〇（昭和二十五）年秋、岡山から九州までの講演旅行を済ませて帰京した仁科は、そのまま病床につき、再び回復することはありませんでした。予定されていた還暦の祝賀行事も中止となりました。そして、翌一九五一（昭和二十六）年一月十日、肝臓がんのため、その生涯を閉じました。享年六十一歳でした。

病床で詠《よ》んだ次の一句が遺されました。

働きて働きて病む秋の暮れ

日本の物理学発展のために生涯を捧げた仁科の深い思いが、この短い言葉の中に凝縮されているように思います。

「働きて働きて」という言葉の重さに深い感懐がこめられています。まさに「親方」として組織を引っ張り、トップとして対外的な折衝に奔走し、研究者として後進を導いた仁科の思いを偲ぶことができます。

そこには、まだまだ志半ばという無念さも滲《にじ》んでいるようにも思えますが、むしろ十分仕事を成し遂げてきた充足感のようなものも読み取ることができるように思います。

深い感動を呼ぶ辞世の句であり、逝き方といえます。

その仁科の墓に、まさに寄り添うように立っているのが、ノーベル物理学賞受賞者朝永振一郎の墓です。墓碑には武見太郎の書で、「朝永振一郎　師とともに眠る」と刻されています。

それは堂々とした仁科の墓に比べて、小ぶりで地味な感じで、朝永の謙虚な人柄を偲《しの》ばせるものがあります。

朝永は一九〇六（明治三十九）年東京都生まれ。旧制京都府立第一中学校五年のとき、アインシュタインが来日し、それに刺激されて物理学の本を読み漁り、時間空間の相対性、四次元の世界、非ユークリッド幾何学の世界に触れ、その神秘的な世界に魅了されました。「物理学というものはなんと不思議な世界を持っていることよ、こういう世界のことを研究する学問とはどんなすばらしいものであろうか」と朝永は書いています。

そして京都帝国大学物理学科に進み、卒業後副手として大学に残ります。同じ研究室には、後に日本人初のノーベル賞受賞者となる湯川秀樹が居ました。朝永はしかし、この研究室時代、自身の進路に迷い、悶々とした苦悩の日々を過ごします。

その頃、ボーアの下で量子力学の研究を続けていた仁科芳雄が帰国し京大で講義する機会があり、朝永はそれに深い感銘を受けます。

「仁科先生の滞在は一ヶ月ほどであったと思う。しかしその短い間に先生のわれわれに与えた印象は、全く強烈であった。その講義は物理的肉づけと哲学的背景をたっぷりもったものであって、今までもやもやとしていたことがらもそれを聞いたとたんに明確になる、といったものであった。それにもまして、講義のあとの論議は忘れられないものであった」

朝永はそこで受けた衝撃をこのように書いています（『朝永振一郎著作集』）。

その後仁科芳雄に誘われ理化学研究所に入り、仁科のもとで宇宙線・原子核の理論的研究に従事しました。一九三七（昭和十二）年からはドイツのハイゼンベルクのもとで原子核理論などの研究に没頭します。帰国後は理化学研究所研究員、東京文理大教授、京大基礎物理学研究所教授を務め、東京教育大学長なども務めます。

一九六五（昭和四十）年には湯川秀樹に続いてノーベル物理学賞を受賞ました。また日本学術会議会長などを務め、核兵器廃絶を訴え、科学者の平和運動に積極的に参加し、一九六九（昭和四十四）年には湯川秀樹、川端康成らの主唱する世界平和七人委員会に加わるなど幅広く活動し、実績を遺しました。

一九七八（昭和五十三）年、食事が喉につかえる症状があって、癌研究所（現がん研）で受診の結果、食道がんの診断を下され、その年の暮れに癌研付属病院に入院、手術を受け、翌一九七九（昭和五十四）年夏、七十三年の生涯を閉じました。

朝永の葬儀で葬儀委員長を務めたのは同じく仁科のもとで研究に従事した武見太郎でした。その武見は弔辞の中で次のように述べています。

「あなたは、仁科先生のもとですべての研究者の信望を一身に集められて、御自分の専攻の分野を著しく推進されました。

あなたの物理学における研究の態度は、当時の後輩あるいは若い研究者に対して、大きな影響を与えたことはいうまでもありません。そして晩年において、あなたがノーベル賞を得られたとき、仁科先生が生きていて下さったらなあ、という、あなたの心から出たその声は、私の耳から一生消えないでありましょう。

師の恩に報いること厚いあなたの人格が、この一語にあらわれていました」(『回想の朝永振一郎』)

この言葉から、朝永の墓が仁科の墓に寄り添うように立っていることの意味を読み取ることができるように思います。

また、朝永の妻・領子には、夫の発病から納骨までを詠んだ歌がありますが、その中からいくつかを拾ってみました(前掲書)。

癌やみて余命を知りしわが夫《つま》は未完の原稿仕上げ急ぎし
死期迫る夫《つま》はメロンの一滴《しずく》ふくみてうましと云ふごとうなづく
細りたる夫《つま》の足拭《ふ》きひたすらに吾れは祈りぬ又歩む日を
あかときに亡き人の夢みつづけて今日のひと日を心なぎゐぬ

夫人が詠んだほかの多くの歌についても同様ですが、そこには夫妻の強い絆と夫人の深い思いが熱く伝わってきます。

余命を知りつつ、最後まで残された仕事に取り組んだその姿は、「働きて働きて」と詠んだ師・仁科の逝き方に深く重なるものがあるように思います。

高い名声のみが語られる二人ですが、その陰にはたゆみない努力とそれを支える不屈の信念があったのです。

仁科芳雄の傍らに立つ朝永の墓石は何も語りませんが、師の傍らに寄り添うように立つその姿は、師弟の厚い信頼と絆を物語るようで、感動的ですらありました。

冷たい雨の日でしたが、どこか温もりを感じる散策となりました。

ハスとビタミン

――大賀一郎と鈴木梅太郎

ときに逆風と戦いながら、その道一筋を研究者として不屈の精神を貫き、生き抜いた二人の墓にも出会いました。

一人は、「大賀ハス」の発見者として知られる、大賀一郎です。大賀は一九五二（昭和二十七）年、千葉県の検見川遺跡から二千年前のハスの実を発見し、開花させたことで知られています。

しかし、その発見に至るまでには、長い苦闘の日々がありました。

大賀の墓は、正門からまっすぐ北へ伸びる名誉霊域通りを一キロほど北上し、忠霊塔の手前を左折したところにあります。墓域はそれほど広くなく、大賀の人柄を感じさせるような簡素な雰囲気を漂わせています。正面の洋型の墓碑に、「大賀一郎　妻うた子墓」と刻され、その右手の墓誌には、大賀一郎が教授を務めた関東学院大学の初代院長坂田祐による「ハスの花に　神の栄光をたたえて　大賀一郎兄ここに眠る　復活のラッパの鳴らん時まで」という言葉が刻まれていました。

ハスの研究者であると同時に熱心なキリスト教信者でもあった、そんな大賀に贈られた坂田の言葉です。

大賀一郎は一八八三（明治十六）年岡山県生まれ。県立岡山中学校（現岡山朝日高等学校）から第一高等学校に入ります。岡山中学校在学中に「東京独立雑誌」を読み、内村鑑三の名を知ります。第一高等学校に入学すると、内村鑑三宅に聖書講義の聴講に通い始めます。

その内村との出会いが、大賀にとって決定的な意味を持つことになります。大賀は内村から大きな影響を受け、また内村は大賀の結婚の媒酌人を務めています。二人にはそんな深い交わりがありました。大賀はこう回顧しています。

「私の生涯に、もし内村先生がいなかったなら、必ず全く違うものになっていたであろうと確信する。中学四年頃、友人より『東京独立雑誌』を借りて、初めて内村先生を知り、後、東京に来て第一に、角筈の内村先生のお宅を訪れて以来、今日まで大小の波浪は貧しき生涯に打ちかかってきたが、常に内村先生によって教えられた〝聖書による福音〟の綱に支えられて、今日に至ったことを回顧して感慨無量である」（『蓮は平和の象徴也――大賀一郎博士を偲ぶ』）

やがて東京大学で植物学を学びます。その後第八高等学校教授を経て南満州鉄道（満鉄）に入社、大連に赴任します。そして満州（現中国東北部）各地の植物を調査します。そこの泥炭層から発掘した古いハスの実を留学中のアメリカで開花させることに成功し、広く注目されるところとなりました。

アメリカ留学中、研究で滞在していた野口英世と知り合い、親しくなりました。野口から、「アメリカといって、驚くことは要らない。日本人なんだ」と励まされ、論文の執筆の後押しをされたということです。

一九三一（昭和六）年に満州事変が起こり、その翌年には上海事件が起こります。こうした時代状況の中で日本の植民地政策に疑問を感じた大賀は、翌年満鉄を辞職し、帰国しました。帰国後は清貧の生活の中でハスの研究を続け、一九五一（昭和二十六）年千葉県検見川の泥炭層からハスの実を発掘し、その翌年開花に成功しました。二〇〇〇年以上も土の中に眠っていた実が、長い時間を経て甦《よみがえ》ったのです。

発掘には現地の中学校の教師や生徒など延べ二五〇〇人もの人たちが協力しましたが、それは計り知れない苦労を伴うものでした。その発掘の様子を、大賀はこう語っています。

「三月一日から掘りかかって、私は、五日間おった。その五日間でやっちゃおう、といってやったところが、どっこいしょ、できない。掘り直して、それからまた、一週間の予定だったのが、掘っても掘っても出ないいんです。雨が降るんです。掘るというと、雨が降る。雨が降れば、一日かかって水をかい出す。また掘る。また崩れる。それを、くり返しくり返して、ひと月やりました」（『ハスとともに六十年』）

厳しい予算と限られた日程の中で、何回も止めようと思いました。

しかしついに泥の中から宝を発見したのです。そのときの感動を大賀はこう語っています。

「この三粒が出たときに、私はほんとうにはらはらと泣きました。ほんとうに金も使い、労役を使い、もうこれ以上、人間というのは手が出ないいんです。（中略）そのときに、一粒出たんです。ああ、この一つ。もしもこれが世に出たならば、こいつは世界じゅうを震動させる。ほんとうに私は神様に感謝しました。ああ、いま神様は、私に恵みをさずけてくれた。この一つの実に私の全身、全霊を捧げた。そのとき、私は、七十四でございました。ああ、この実一つ。ほんとうに私はこれに一生を捧げたんだ」（前掲書）

大賀の「二千年前」という主張に対しては、多くの学者が批判・攻撃しました。しかし、その後の放射性元素による研究の結果、大賀の説の正当性が実証されることになったのです。

その後この大賀ハスは世界各地に移植され、その美しい淡紅色の花を咲かせています。

大賀は戦火で東京下落合の家が消失したため、晩年の二十年あまりを東京府中市の自宅で過ごしました。生活が困窮した大賀に対して、府中市民はさまざまな支援を行いました。大賀は府中市の人たちとの交流を通じて、深い敬愛を集めました。

一九六四（昭和三十九）年府中市の自宅で脳軟化症で倒れ、翌年東大病院で亡くなりました。享年八十二歳でした。

府中市立中央図書館には、大賀の寄贈した蔵書や研究資料を集めた大賀一郎コーナーが設けられています。その蔵書の中に、『内村鑑三全集』がずらりと並んでいるのが印象的でした。また府中市の郷土の森公園の修景池では、毎年ハスの開花期である夏に、「蓮を見る会」が開催され、大賀博士の古代蓮をはじめ各種の蓮を鑑賞する人びとで賑わっています。

この図書館の大賀文庫や修景池の整備に尽力した当時の府中市長野口忠直氏は、大賀が揮毫《きごう》した「無事」という書にふれて、「無事」とは「自然のままで、何も人為を加えないこと」という意味であり、「〈無事〉の概念には、その根底に、明治の知識人の素養としての老子の思想があり、内村鑑三門下のクリスチャンであった大賀博士の生き方にはその実践があったように思われます」と書いています（『古い壺に新しい酒を　わがまち府中』）。

また、大賀と同じ内村鑑三門下の元東大総長南原繁はこんな歌を贈っています。

濁《にご》り江《え》に抜き出でて咲ける白き蓮の浄《きよ》く清《すが》しき君の一世《ひとよ》はや

大賀ハスの大賀一郎と内村鑑三の深いつながりについてはじめて知り、しかもその二人がこの霊園の比較的近い場所に眠っていることに、何か深い感銘を受けました。

霊園の散策には、こうした発見の楽しみと感動もあるのです。

もう一人、日本を代表する世界的な大発見を成し遂げた農芸化学者鈴木梅太郎の墓を訪ねます。

鈴木はオリザニン（ビタミンB_1）の発見者として知られていますが、鈴木の場合も、当初は容易に学界の受け入れるところとはならず、それが正当に評価されるまでには長い時間を要したのです。

鈴木の墓は大賀一郎の墓から南へ五百メートルほど下ったところにあり、広い墓域の周囲を緑の植栽が囲み、正面の墓石に「鈴木家之墓」とあり、左手の墓誌の中に、「理綱院殿釋梅軒大居士」という鈴木の戒名が記されています。入り口の左手に「鈴木梅太郎先生碑」が建ち、その略歴と業績が刻まれています。

鈴木は一八七四（明治七）年静岡県の農家に生まれました。十五歳のとき家出をして単身上京、東京農林学校を経て、一八九六（明治二十九）年東大の農芸化学科を卒業、大学院で植物生理化学を専攻し、卒業後同大助教授となります。一九〇一（明治三十四）年から六年まで欧米（チューリッヒ、ベルリン）に留学、たんぱく質化学の研究に従事しました。

帰国後、盛岡高等農林学校教授を経て、東大教授に就任します。専門の研究を続ける一方、当時国家的な問題であった脚気《かっけ》研究にも参加します。動物実験の結果、よろよろ歩き衰弱したハトやマウスに、米糠を加えた飼料を与えることにより生育が改善されることを発見し、脚気を防ぐ有効成分が米糠の中にあると考え、その成分を抽出することに成功しました。

それをオリザニン（ビタミンB_1）と命名し、一九一〇（明治四十三）年、新栄養素として学会で発表しました。

オリザニンの発見は、たんぱく質、炭水化物、脂肪の三大栄養素のほかに必須な栄養素、つまりビタミンと定義されているものの存在を世界に先駆けて証明したものでした。

鈴木のオリザニン発見の後、一九一二（明治四十五）年、ポーランド生まれのアメリカの生化学者カシミール・フンクが鈴木と同じ成分の抽出に成功し、ビタミンと命名し、「ビタミン」という名称が定着しました。しかし、鈴木の発見が世界的な大発見であることに変わりはありません。

鈴木はオリザニンがその化学的性質および栄養上不可欠の成分であるということを報告しました

が、当時の日本では医学者も化学者も栄養という観念を持つものが少なく、鈴木の説は殆《ほとん》ど問題にされませんでした。

鈴木は小児の臨床試験でオリザニンの効果を確かめ、人間の脚気もオリザニンの欠乏が原因であると確信したのですが、当時の医学界の反応は冷たく、脚気伝染病説を信奉する医者たちはオリザニンの臨床実験を拒否しました。医者でも薬学者でもない鈴木に対して、「百姓学者」という罵声を浴びせたりしました。

一九一八(大正七)年に至って、京大内科の島薗順次郎教授、続いて慶應大内科の大森憲太博士が臨床実験でオリザニンの脚気に対する有効性を確認し、ようやく鈴木の発見が国内で認められるに至りました。

鈴木自身、この間のことを回顧し、次のように書いています。

「(学会発表)当時は殆ど顧みられず、越えて大正七、八年頃、欧米の学界に勃興したビタミン研究熱は我国にも反響して、我国の学者達をも漸く目醒まさせ、今日では誰一人ビタミンを除外して栄養を論ずるものもなく、また、ビタミンを知らずして生命の科学を語るものもない。想えば、全く隔世の感がある」(『研究の回顧』)

鈴木はその後理化学研究所の設立に参加、研究委員となり研究を続け、一九四三(昭和十八)年には文化勲章を受章しています。

鈴木の世界的発見まで、そしてそれが認められるまでのドラマは、まさに波乱万丈といっていいかもしれません。鈴木が繰り返しその弟子たちに語っていた次の言葉は鈴木の人間性を表すとともに、ある意味で偏狭な学者の世界への警句ととることもできるように思います。

「人間は単に学問ができるだけでは駄目だ、精神的に立派な心構えを備えていなければならない、その精神が無ければ学問の深みが失われる」(『鈴木梅太郎先生伝』)

この言葉は、平成の今もきわめて重い説得力を持っているように思われます。

一九四三(昭和十八)年四月に文化勲章を受章したその年の九月、腸閉塞のため死去しました。享年六十九歳でした。

鈴木の死後ちょうど五十年に当たる一九九三(平成五)年の文化切手の一つに、ビタミンB_1の化学構造式をバックにした鈴木博士の肖像が描かれています。なおこの切手は、日本の学術・文化の発展の基礎を築いた先覚者の偉業を讃えるために、前年の一九九二年から発行されたもので、この年は島崎藤村、渡辺崋山とともに鈴木が取り上げられています。

大賀一郎と鈴木梅太郎、たまたま同じこの霊園に眠る二人の墓に対面して、ともに外部の批判や騒音と闘いながら自らの信念を貫いた、その生き方に思いを馳せるとき、あらためて強く胸に迫るものがありました。

そして、今はもうあまり聞かれなくなった「気概」という言葉を、あらためて思い起こさせられました。

英語の先達、音楽の父
――斎藤秀三郎と斎藤秀雄

日本の英語研究・教育の先達斎藤秀三郎と、独自の音楽教育で小澤征爾など多くの後進を育てた、チェロ奏者で指揮者の斎藤秀雄父子の墓にも出会いました。

実はあの斎藤秀雄が、斎藤秀三郎の子息であるということはそれまで知らず、斎藤家の墓を訪ねて初めてわかりました。

斎藤家の墓は正門から真っ直ぐ北へ延びる名誉霊域通りを二百メートルほど歩き、東1号通りを左折してすぐのところにあります。広い墓域の両側には自然石が置かれ、墓域全体がモミジやサツキなどの植栽に囲まれています。正面に高さ三メートルほどの大きな墓碑があり、大きく「斎藤秀三郎墓」と刻されています。墓石全体が、いかにも秀三郎らしい豪快な風格を保っています。その左手に秀三郎の妻昂子の墓碑、右手には斎藤秀雄・秀子夫妻の墓碑が建っています。

斎藤秀三郎は明治維新前夜の一八六六(慶応二)年、仙台藩士斎藤永頼の長男として生まれました。五歳にして仙台藩の英学校辛未館に学び、宮城英語学校を経て工部大学校(現在の東京大学工学部)に入学します。ここで後に夏目漱石の師となるディクソンに英語を学びます。そこで斎藤の英語に対する興味は急速に深まり、学校の英書はすべて読み尽くしたとか、あの膨大な『大英百科事典』

を二度読んだというエピソードも遺されています。そして、英語の学びへの欲求抑えがたく、ついに技師になる道を放棄することになります。

やがて大学を退学し、仙台に帰り英語塾を開きます。その当時の学生の中に土井晩翠がいました。その後第二高等学校助教授、教授を務め、そこを辞職して岐阜、長崎、名古屋の中学校で教鞭をとり、一八九三（明治二十六）年に第一高等学校教授となります。斎藤が勤務先を転々としたのは、その豪快ではあるが短気で一徹な性格によるものといわれています。

一八九六（明治二十九）年、神田に正則英語学校を創立して校長となります。ここを拠点に英語の教育研究に携わり、名著『熟語本位英和中辞典』などの辞書や文法書や教科書の編集に尽力するなど、明治、大正の英語教育史に大きな足跡を遺しました。憲法学者の高柳賢三はこの正則英語学校で学んだ一人ですが、当時を振り返ってこう語っています。

「中学時代に三年もつづけて斎藤氏の講義を聴いたことは、私の英語勉強において画期的な出来事であった。斎藤氏は文法の大家として知られ、当時氏はMonograph on Prepositionsという教材の執筆に余念がなかったようであった。しかし私が彼から学んだのは文法の細かい規則ではなかった。むしろ、文法の説明や訳読の際、氏の口をついて出てくる豊富な用例、色々な英語のいいまわし方であった」（『英語天才　斎藤秀三郎』）

因《ちな》みにこの正則英語学校で学んだ人物の中には、映画監督の島津保次郎、社会運動家の平塚らいてう、石川啄木、斎藤茂吉、山本有三、山本周五郎など多士済々の名前を見ることができます。

先に述べたとおり、斎藤は幼少期から英語学校に通い、英語教育を受けており、国漢学などの通常の教育を受けていません。斎藤の辞書の用例の中に、I learned my English at the expense of my Japanese（私は自国語を犠牲にして英語を学んだ）という用例があるのも納得できます。

当時の斎藤の書斎の様子について、側近の一人、江田米作はこう述べています。

「先生の書斎は、二階の庭園を見下ろす南向きの十畳と隣室があてられており、書斎には万巻の書物が無造作に山のごとく積み重ねてあって、その間にわずかばかりあぜ道を通るように歩けるだけの間隔が設けられておりました。先生はその真中に立派な虎の皮を敷きその上に泰然と座り、大きなスタンダード辞典を膝の上におき、あらゆる洋書をひもといておられた。先生は無造作に山と積まれた書籍に対し極めて正確な記憶をお持ちで、入用の書物は迷うことなしに、ただちにお取り出しになるのでした」（前掲書）

斎藤は自宅に居るときは朝から晩まで書斎で過ごし、寸暇を惜しんで読書したり著述に没頭していたといいます。ともかくすべてが仕事中心、英語中心の生活で、家族も殆《ほとん》ど近づけず、家族と直接話をするときは必ず書生を通じて面会するという徹底振りでした。子供たちの結婚式のときでも、当日まで予定が判らず、子供たちは式場で父の姿を見て驚き、喜んだという話も遺《のこ》されています。

そんな斎藤の姿は、外からは刻苦勉励というイメージを持たれがちですが、斎藤自身にとってはその「学び」の時間は「苦」どころではなく、むしろ「至福」のとき、充足のときであったといえるように思います。

斎藤にとって英語の学習、研究とは何であったのか、そのことの苦労と魅力について、斎藤自身こう語っています。

「行けば行くほど深くなり広くなるのが語学だ。語の意義を突きつめ、他語との結合を究め、その間の微妙な意味を探れば際限がない。進めば進むほど困難となり苦心を要するが、それだけまた愉快も多いのであって、自分はその苦心が愉快で愉快でたまらないのである」（雑誌「受験英語」創刊号）

〝苦心が愉快でたまらない〟――なるほど斎藤ならではの言葉です。

また、斎藤のもう一つの功績として注目されるのは、英語の研究を通じてあらためて日本語の豊かさを発見したという点にあります。

このことについて教育学者の齋藤孝は、斎藤秀三郎は英語の専門家として徹底的に研究した結果、微妙なニュアンスを含んだ英語表現に対しても、一つ一つ日本語であますところなく表現できることを証明し、それを辞書という形でまとめた、人びとは斎藤秀三郎がつくった辞書によって、逆に日本語の繊細さ・複雑さにも気づいた、と書いています（『代表的日本人』）。

こう見てくると、まさに日本の英語研究・教育一筋に生涯を捧げた謹厳の士といえますが、その人物のスケールは大きく、酒豪でもあり、豪快な逸話などを数多く遺しています。

日本の英語教育の開拓者であり、豪快で独特の生き方を貫いた巨人斎藤秀三郎は、一九二九（昭和四）年、六十三年の生涯を閉じました。

斎藤は日頃、「天国に行ってからも、英語丈《だ》けは勉強するよ。人間が此世《このよ》で成し遂げる事ができる仕事って高の知れたものさ」と語っていたということです。その最期の言葉は、
「私がこの世において幸福でなかったとしても、それが何であろう。私は生れる前は無であったのだ」（『斎藤秀三郎伝』）
というものでした。
いかにも、数々の伝説を遺した怪物斎藤らしい辞世といえます。その言葉は、あの迫力と風格を感じさせる斎藤の墓の前に立つとき、一層深く実感できるように思います。

斎藤秀三郎の次男・秀雄は一九〇二（明治三十五）年東京生まれ。中学時代にマンドリンに興味を持ち、演奏し、その後チェロを学びます。暁星中学校を経て上智大学に入学しますが、音楽に専念するために退学、その後ドイツに留学し、一九二三（大正十二）年から二七年までライプチヒ音楽院でクレンゲルにチェロを学びます。

帰国後新交響楽団（現NHK交響楽団）に主席チェリストとして入団します。その後再びドイツに留学し、ベルリン高等音楽学院で世界的チェロ奏者フォイアマンに師事します。

帰国後は新交響楽団に復帰しますが、その後来日したローゼンシュトックに強い影響を受け、指揮法を学び、指揮者としての活動を展開します。

その後室内楽活動と音楽教育に精力的に取り組み、一九四六（昭和二十一）年に巌本真理、江藤俊哉

らと東京室内楽協会を結成、一九四八（昭和二十三）年には井口基成、伊藤武雄、吉田秀和らと「子供のための音楽教室」を開設、これが後の桐朋学園の音楽系学科の基礎となります。一九五二（昭和二十七）年桐朋女子高校音楽科主任、以降同短大の教授、学長を務め、後進の育成に尽力します。一九六七（昭和四十二）年に日本指揮者協会会長に就任、一九七三（昭和四十八）年には文化功労者となりますが、その翌年、がんのためにその生涯を閉じます。享年七十二歳でした。

斎藤の死後、教え子の小澤征爾らが中心となってサイトウ・キネン・オーケストラが創設されます。これは斎藤を偲《しの》ぶ教え子たちの同窓会のような形で始まったものですが、国内だけでなく海外で活躍している人たちも手弁当で駆けつけて演奏会をやりました。海外でも注目されるこのオーケストラは斎藤の薫陶の深さを物語るものといえます。長野県松本市で毎年開催される「サイトウ・キネン・音楽祭」は、日本を代表する世界的な音楽祭に成長しています。

斎藤は音楽をやるに当たって、素質と努力と注意力の三つが重要だと語っています。

これに関して、小澤征爾は斎藤から教えられた大事なことは「基礎」の重要性であるといいます。その音楽の基礎というのは音の高低とか強弱だけではなくて、音楽に対する姿勢、どうやって勉強してどうやって演奏会に持っていくのか、作曲家の書いた作品をどう理解し、お客様に聞かせるか、その演奏家の深刻さ、大事さということです。

また斎藤は音楽の語法を言葉の文法に譬《たと》えています。たとえばメロディーについてこんな風に分析しています。

「メロディーというものはいろんなふうに分析してみますと、人間の言葉と同じように、文法で言いますと、名詞と形容詞と動詞と副詞と接続詞っていうふうに分けられるっていうこと。それから文法で、主格というのがあって、目的格というのがあるように、そういうものと同じ存在があるわけです。ただ、それがどういう形で表れてくるか」（『斎藤秀雄講義録』）

こうした方法論は、英語学者、文法学者であった父秀三郎の影響を強く受けているといわれています。まさに斎藤秀雄ならではの言葉です。

そして小澤は、斎藤に教わった音楽の語法、文法ということについて次のように語っています。このあたりの話は斎藤が徳川夢声の話芸について語った言葉（本書六十頁参照）と重なり、大変興味深いところです。

「斎藤先生に教わっていた演奏法とか表現法、それから音楽の語法、語法とは要するに音楽のしゃべり方。そのしゃべり方が〈クラシックの場合は、こうなんだよ〉と斉藤先生は教えてくれていたんです。（中略）それで例えば、弦楽器の弓の使い方なんかもその語法に合った、文法と言っていいかもしれないけれども、まあ音楽の場合は言葉ではないから、文法じゃないんだけれども。どのくらいの速さで上げ弓するか、どのくらいの速さで下げ弓するか、どのくらいの速さでぶつけるか、どのくらいの速さでみんな息をとり合うか、どのくらいのゆっくりさで息をとるか、そういうことを斉藤先生がいろいろと教えてくれた」（『小澤征爾指揮者を語る』）

こう語る小澤は、七十を超える歳になるまで、「斎藤先生からもらったものをポケットに入れておいて、仕事に行くときにはそこから少しずつ出し、斉藤先生から教わった基礎に自分の勉強をプラスしてやってきた」といっています。

斎藤の教えは、直接薫陶を受けた弟子たちのみならず、多くの人に感銘を与えています。たとえば、女優の岸田今日子は、自由学園時代に教えを受ける機会のあった斎藤について、こう語っています。

「二、三ヶ月に一度、斎藤先生が来てくださって、男子部も女子部も含めた全校生徒のオーケストラとコーラスを指導して下さる。アルトのパートの前列で、先生の指揮棒を見つめ、先生の左手がチェロの弦を押える時のように微妙に震えるのに曲の感情を読み取るのは、なんて感動的な時間だっただろう。モーツァルトの〈アヴェヴェルム・コルプス〉や、〈ハレルヤ〉〈美しく青きドナウ〉〈流浪の民〉。他の人たちの声を注意深く聞きながら、自分の声をそれに合わせて行く楽しさは、たぶん今はやりのカラオケなんかとは比べられない、スリリングなものだったようにも思う」（『妄想の森』）

斎藤が、音楽家である前に人間としての深さと豊かさを持った人物であったことを物語っているように聞こえます。

一九六七（昭和四十二）年には日本指揮者協会会長に就任、一九七三（昭和四十八）年文化功労者となりますが、その翌年、がんのため聖路加国際病院で七十二年の生涯を閉じました。

青山葬儀場で行われた斎藤の葬儀では、彼の愛した曲の一つである、モーツァルトの〈ディヴェルティメント二長調〉が演奏され、多くの参列者の感動を誘いました。

父秀三郎、母乕子、妻秀子とともに眠るこの霊園の墓碑の前に立つとき、時代を切り拓き、波乱の生涯を送ったこの父子への思いが、深い感動を伴って甦《よみがえ》ってくるように思います。

この斎藤一家の墓から少し足を延ばすと、斎藤秀雄がその話芸を高く評価した徳川夢声のほか、川合玉堂、大岡昇平、矢内原忠雄らの墓を訪ねることができます。

受験生の父
――赤尾好夫と小野圭次郎

かつて赤尾の「豆単」(『英語基本単語熟語集』)、英語の「小野圭」で受験生に広く親しまれた赤尾好夫、小野圭次郎の二人も、この霊園の中の程近いところに眠っています。一定の年齢以上の人たちにとっては、その青春の一時期を思い起こさせる懐かしい名前といえます。私もまたこの二人の墓に出会ったとき、なんともいえない懐かしさを覚えました。

赤尾の墓は正門近くのロータリーから広い名誉霊域通りに沿って北へ四百メートルほど進み、東2号通りを右折したところ、東門の近くにあります。広い墓域の正面には「赤尾家之墓」と刻された墓碑があり、その右手の墓誌には、赤尾がモットーとしていた「夢高くして、足地にあり」というフレーズとその業績などを記した墓誌があります。多くの受験生に親しまれた赤尾ですが、文化放送会長など企業人としての実績も持つ多彩な貌《かお》を見ることができます。

赤尾好夫は一九〇七(明治四十)年山梨県生まれ。東京外語大のイタリア語科を卒業後、一九三一(昭和六)年欧文社(旺文社)を創立、中学生を対象にした日本最初の通信添削による受験事業を始めました。そして雑誌「受験旬報」「蛍雪時代」をはじめ、多くの辞書、参考書などを刊行し、受験産業のパイオニアとなりました。その後『英語の綜合的研究』『受験英語単語熟語の綜合的研究』

『英語基本単語熟語集』（通称「豆単」）などを相次いで刊行します。

戦後一時公職追放になりましたが、受験参考書の執筆活動のほかラジオ・テレビの受験講座を開設するなど、受験教育界をリードしました。その雑誌や参考書などは多くの受験生に受け入れられ、支持されました。

赤尾が若者たちの支持を受けたのは、単に受験の神様としての存在からではなく、赤尾自身の若者たちへの熱い思い、若い人の力になってやりたいという思いがあったからです。

その自伝『私の履歴書』の中でこんなエピソードを紹介しています。

ある大雪の朝、赤尾の家の門前に、一人の少年が震えながら立っていました。少年は、どうしても赤尾に会いたいといいます。赤尾が話を聞くと、父親がどうしても大学進学を許してくれない、苦学するから書生にしてほしい、という。そして手には「男子志を立てて」という血書を持っており、小指には白い包帯が巻かれていました。まだまだ日本が貧しく、大学進学率も非常に低かったころのことです。

赤尾は少年を家に泊めて父親の説得に努め、結局少年は大学進学を果たしました。その少年はやがて大阪の大会社の幹部となり、赤尾に会うたびに、「どんなご恩返しをいたしましょうか」と話していたといいます。赤尾はこうした若者たちとの絆を少なからず持っていたといいます。それは赤尾にとっても深い充足感を伴うものであったようです。

赤尾は、その著作や雑誌の中でも、受験のための勉強を超えて、若者たちにその生き方や青春の意義について熱く語りかけ、多くの信望を集めました。

『若人におくる言葉』には次のような一節があります。

「人生に繰り返しはなく、青春はふたたび帰ってこない。珠玉のごとき青春をいだいた諸君は、しんじつ自己を愛さなければならない。自己を愛するとは、自己を向上させることである。深い知識、広い教養、よい性格、たくましい体格等は、いつの時代、いかなる国においてもこよなき美徳であって、これなくして人間の向上はなく、国家社会の繁栄もない。（中略）

この競争の厳しく激しい時代に、よりよく生きることは、決してやさしいことではない。だれでも安易な道を選びたくなるからである。しかし、安易な生活に幸福はもたらされない。安易を選ぶ人間は、すでに若人としての資格を失っている者である。（中略）人生は厳しいものと知るべきである」

こうした言葉を語り続けた赤尾は、受験生たちにとって、ある意味でカリスマ的な存在であったといっていいかも知れません。一見、教訓臭の強い言葉ですが、そのメッセージが若者たちの心に深く届いた背景に、赤尾自身の体験と若者に寄せる熱い思いがあったからといえます。

また赤尾は受験産業の創業家であるにとどまらず、その後文化放送会長を務め、日本教育テレビ（現テレビ朝日）の創業に参加するなど、戦後のメディア界の発展にも寄与しています。

先に赤尾のモットーとしていた「夢高く……」という言葉について触れましたが、赤尾の墓誌には次のような辞世がありました。

ゆめ高く足地にあれと願いつつ
暗やみの中を手さぐりて行く

この言葉に関して、赤尾は『私の履歴書』の中でこう書いています。

「出版をやる以上、理想を貫かなくてはいけない。決して、人のプライバシーを侵害したり、あるいは青少年を堕落させるようなものは作ってはいけない。要するに、理想を高くもたなければいけないと固く心に誓った。しかし、理想を高くもちすぎて足が地から離れてしまってはいけない。エマーソンの〈希望は天の星につながり、足は地に在り〉という言葉を思い起こして、私は、〈夢高くして、足地にあり〉ということをモットーに出発した。従って私は絶対にベストセラーはねらわない、ロングセラーをねらうべきだという考え方、そして理想を貫いて、しかも理想にとらわれすぎて、足が地から離れないように、理想と現実の一致ということを深く胸に銘記して始めたわけである」

出版人、企業人としての赤尾の志の高さを物語る言葉です。その理想のもと、赤尾は独自の分野を切り開き、成功を収めました。その生き方と遺した言葉は、単に受験生や企業人にとどまらず、広く一般の人たちに深く届くものがあるように思います。

赤尾と同じく、受験生たちのカリスマ的存在として親しまれた一人に小野圭次郎がいます。「小野圭」の通称で親しまれた小野の墓が、赤尾の墓から歩いて三分という近さにあったのもまた偶然でした。墓域には「小野家之墓」の墓碑がありますが、その右手の「小野圭次郎の碑」に目を止めないと、小野圭次郎の墓と気づかずに通り過ぎてしまいそうです。

企業人としても成功した赤尾の墓に比べ、ほぼその生涯を英語教育と受験生のために過ごした小野の墓はやや小ぶりです。入り口に小さな鳥居があり、それをくぐった正面に「小野家之墓」と刻された墓碑があります。

右手には、「小野圭次郎の碑」が建てられ、その経歴と業績が記されています。受験生たちに「小野圭」の愛称で親しまれたこと、執筆刊行した英語の参考書は六十五種を数え、中でも『英文の解釈』が圧倒的な発行部数を達成したことなどが詳しく書かれています。

小野圭次郎は、明治維新の翌年一八六九（明治二）年、福島県に生まれています。福島師範学校を出て小学校教師を七年間務めたあと、一念発起して東京高等師範学校英語専修科に入学します。卒業後、福島、福岡、愛媛、三重の各県の師範学校や中学校の教師を務めます。愛媛県の北予中学校（現松山北高校）在職中の一九二一（大正十）年に、『最新研究　英文の解釈　考え方と訳し方』を刊行、空前の大ヒットとなりました。その背景には、内容的な斬新さと合わせて、ターゲットが明快なことがあります。たとえばその緒言には、「徹頭徹尾受験合格ということを標的にしたること」「本書は全然受験本位に書いたのであるから、何処をひらいてみても試験的気分のみなぎっていない所がない」と、その目的が明快に述べられています。

その後、上京して受験参考書を多数執筆し、「小野圭」の名で、受験生に親しまれました。先の赤尾好夫は小野より四十年ほど後の生まれですが、受験生時代に小野の参考書で勉強した当時をこう語っています。

「参考書としては、小野圭次郎の〈英文の解釈〉を一冊手に入れて勉強することにした。この本を初めから終わりまで七回読みなおした。私は今でもこの小野圭次郎の〈英文の解釈〉は確かに名著であると思っている。というのは、この本は非常に入りやすく、わかりよくて、そして抵抗を感じさせなかった。私は多くの学習参考書をその後出版したのであるが、なかなかこの本のように噛んで砕いて教えてくれるような本を書く先生は少ないのである」(『私の履歴書』)

英語の参考書を数多く書いている赤尾ですが、本来語学はあまり好きではなかったといいます。その赤尾に英語への扉を開いてくれたのが、小野圭の本だったということです。

小野の本は、英文解釈書だけでも、発売以来約半世紀の間に十一回改訂され、トータルで一〇〇〇版を超えたといわれています。

日本の英語教育史に詳しい江利川春雄によると、戦後も小野圭の参考書はたくましく生き続け、敗戦二年後の一九四七(昭和二十二)年に出した改訂版も飛ぶように売れたといいます。そして江利川は、こんな話を紹介しています。

「敗戦直後の小野の参考書には、巻頭に〈ポツダム宣言の訳し方〉が掲げられていた。戦前版には天皇のために命を捧げよと説く〈英訳教育勅語〉を巻頭に載せていたから、まさに百八十度の転換である。（中略）巻末の〈読者諸君に望む〉（一九四六年三月一日付）でも、〈現時の国際においては我邦と米英との関係がますます緊密の度を高め、相互の交渉いよいよ頻繁となりたれば如何なる職業に従事するにも英語の必要欠くべからざることは言をまたない〉と述べている。こうして〈英文の解釈〉は敗戦後の時代の風をつかみ、たくましく復活した」（『受験英語と日本人』）

小野の本が、戦前戦後を通じてロングセラーになった背景の一つを、そこに見ることができるように思います。

なお、最近、小野の『英文解釈研究法』が復刊されました。もう一度学びなおしたり、自身の青春の日々を振り返る人びとの声に応えたものでしょうか。

私もまた、その復刊を知り、早速購入してみました。そのカバーには、「模倣文化の近代日本にあって英文解釈法は数少ない独創のひとつである。小野圭次郎の英文解釈はその白眉。〝オノケイ〟の愛称で親しまれ、これで英語がわかるようになったものは数知れない。いま新しく出版されたのは近来の快事である」という、外山滋比古の言葉がありました。

一九七一（昭和四十六）年に「週刊朝日」に掲載された「受験参考書のロングセラー・ベスト5」によると、第一位に赤尾好夫編『英語基本単語熟語集』（「豆単」）一九四二年初版、七百万部、第二位に小野圭次郎『英文の解釈』一九二一年初版、五百二十万部が揚げられています。それに続いて、山崎貞『新々英文解釈研究』、原仙作『英文標準問題精講』などの懐かしい名前も見られます。

なお、こうした日本における受験英語の歴史を辿っていくことはまことに興味津々で、最近刊行された江利川春雄『受験英語と日本人』（研究社）は受験英語の歴史を知る面白さと、日本人にとって英語とは何かを考えさせる好著です。本稿執筆の参考にと手に取ったのですが、ついつい読み込んでしまいました。著名人の墓を訪ねる散策には、こうした脱線の楽しみもあります。

小野は一九五二（昭和二十七）年、八十三年の生涯を閉じましたが、その著作はその後も長く生き続け、多くの人びとの記憶に残りました。

本稿を書きながら、赤尾と小野がこうしてつながっているということをはじめて知りました。近くに眠る二人の墓を訪ねることがあれば、そこに自身の青春を重ねる人も少なくないと思います。二人の生きた姿と遺した仕事は、昭和という時代と世相の一面を鮮やかに映し出しているようにも思います。

家族は爆発だ

——岡本一平・かの子・太郎

緑に囲まれた一画を歩いていると、突如として異形のというか、どこかで見たというか、そんな風景に出会うことがあります。周囲の墓域とはまったく異なる雰囲気のこの空間は、岡本一平・かの子・太郎一家の墓でした。

広い墓域に、この三人の墓碑は、それぞれ向き合うように建っています。

父一平の墓はあの大阪万博のシンボルとなった、太郎の「太陽の塔」を思わせるもので、その像の下に大きな文字で「一平」と刻まれています。その左側に建つ母かの子の墓には、彼女が信仰していた大きな観音菩薩石像が建ち、その台座の石に「岡本かの子」と刻まれています。太郎の墓はこの両親の墓と向き合う感じで建てられ、彼の作品「午後の日」が使われています。それは両親を前にしてどこかあどけなく、ユーモラスな表情を見せていま

右側に岡本一平、かの子の墓。向かい合う位置に太郎（左端）の墓。正面の墓誌には、川端康成の言葉が刻まれています

す。両肘をついて顎に手を当てて、「それにしてもわが父母はなんとユニークな夫婦であったことよ」と、つくづくと眺めているようにも思われます。

いかにも画家、作家、芸術家の三人それぞれの生き方を象徴するように、それぞれの墓は個性的で独自性を主張しているようですが、しかし不思議な統一感を漂わせる独特の雰囲気の空間となっています。なるほどこの一家はいずれも個性的で、自由な生き方を貫きつつ、しかし独特の絆で結ばれていました。

一平は一八八六(明治十九)年函館生まれ。東京美術学校(現東京芸大)卒業後、画家・漫画家として活躍し、とくに政治漫画で一世を風靡《ふうび》したことで知られています。画《え》だけでなく、紀行、随筆、小説など文筆にもすぐれ、一平の著作『探訪画趣』の序文では、夏目漱石が一平の文章を以下のように絶賛しています。

「普通の画家は画になる所さえ見つければ、それですぐ筆を執ります。あなたはそうではないようです。あなたの画には必ず解題が付いています。そうしてその解題の文章が大変器用で面白く書けています。…私はこの絵と文とをうまく調和させる力を一層拡大して、大正の風俗とか東京名所とかいう大きな書物を、あなたに書いて頂きたいような気がするのです」

因《ちな》みに、一平は朝日新聞に連載された夏目漱石の『それから』の挿絵を描いています。

また、漫画家養成の私塾を開き後進の育成にも力を注ぎ、近藤日出造、杉浦幸雄、清水崑などを育てました。

一九一〇（明治四十三）年、大貫かの子と結婚しますが、かの子とは性格的に相容れず、一平は一時放蕩に走ります。かの子は彼女の崇拝者であった若い学生や交際相手を家に招きいれ、三人で生活するというなんとも奇妙な夫婦の生活を送ることになります。

しかし、一平は波乱の夫婦生活を続けながらも、強烈な個性の持ち主であった妻かの子の創作活動を終生支えました。

一九三九（昭和十四）年、かの子が死去します。一平はその後山本八重子と再婚しますが、戦争が激化すると家族を連れて浜松に疎開し、さらに岐阜県加茂郡西白川村（現美濃加茂市）に疎開します。そのままこの地に留まっていましたが、一九四八（昭和二十三）年脳内出血で死去しました。享年六十三歳でした。

出棺のとき太郎は、「岡本一平万歳！」を提案し、涙の万歳三唱が行われました（『岡本一平漫画漫文集』）。

晩年、「漫俳」と称する句作にいそしんだ一平の絶句として、以下の二句が遺《のこ》されています。

秋晴れや映画の景色ゆく心地

菊の香や何を今更諸慾ぞも

かの子は一八八九（明治二十二）年東京生まれ。一平の妻で、小説家・歌人として知られ、『母子叙情』『老妓抄』『生々流転』などの作品があります。一平との関係で悩み、他の男性と恋愛関係に陥ったり、仏教に関心を持ち、研究し、『観音経を語る』『仏教読本』などの著作も遺しています。その波乱の人生が、彼女の作品に反映しているとも言われています。

一平は「妻を懐ふ」という文章の中で、「かの子は妻と片付けられる女ではなかった。僕にとっては母と娘と子供と、それから師匠でもあり友だちでもあった」「僕が彼女を育てたか、彼女が僕を育てたか、いま俄かに断じがたい」と書いています。短い言葉の中に、その夫婦の独特のかたちを見ることができるように思います。

かの子は一九三九（昭和十四）年暮れに脳出血で倒れ、その波乱の生涯を閉じました。享年四十九歳でした。一平は「妻を懐ふ」の中でこう書いています。

「かの女が眠ってからの僕の気持は何も書くに当るまい。身体を少し動かせば、すぐ遺憾の棘に触れるので、なるべくそっとして、たゞ消極的にかの女がふだんいっていた好み通りに事を運ぶのが今更慰めにもならないが、しないよりは自然だった。四日間は、そっとして、蹲《うずくま》っていさして貰うと、かすかに息がつけた」（「改造」一九三九年四月）

一平は告別式はいやだという故人の遺志に従いました。多摩川のほ

右から岡本一平、かの子の墓

とりに生まれたかの子は、武蔵野をこよなく愛していました。一平はその意を汲んで武蔵野に土地を探し、この多磨霊園に埋葬しました。

太郎はその息子で画家。大阪万博の「太陽の塔」などの彫刻作品も多く遺しています。

あの「芸術は爆発だ」という言葉を語る太郎の姿は、テレビにしばしば登場し、広く馴染《なじ》みのあるものになりました。一九一一（明治四十四）年神奈川県生まれ。東京美術学校を中退しパリに留学、十一年間滞在し、ピカソらの影響を受け、哲学、民族学などとともに抽象芸術を学びました。

岡本太郎の墓

帰国後兵役に服し、戦後は創作活動に専念し、先鋭的な作品を多く遺しました。また、縄文土器の生命力を反映させた作品でも知られています。

一九四八（昭和二十三）年、安部公房、花田清輝、埴谷雄高らと「夜の会」を結成します。代表作に、「重工業」「森の掟」「こどもの樹」「座る事を拒否する椅子」などがあり、一九七〇（昭和四十五）年の大阪万博ではテーマ展示プロデューサーとして「太陽の塔」を製作しています。

晩年はパーキンソン病を患い、一九九六（平成八）年、急性呼吸不全のため慶應大学病院で死去しました。享年八十四歳でした。

三人についての素描は紙幅の関係もありこのくらいにして、この個性的でユニークな一家の姿を内側から見た太郎の語るところに耳を傾けてみます。

父一平についてはこう語ります。

「父は世間的な意味の父の情で私をいたわったことはない。私はむしろ冷酷なほど突放されることがしばしばであった。私も世間並みの愛情は要求しなかった。私達一家三人の芸術家は、肉親的な愛情よりも、むしろ芸術の上では対等の友であり、仮借ない批判的な研鑽の中に生活した。だがそこに、ふりかえってみればやはり獅子が子を谷間に突落す、あの厳しい父性を父は持っていたと思う」(「父母追想」)

「それにしても不思議なことだ。父は彼女と全く正反対の性格だ。冷静で緻密《ちみつ》で、大人だった。都会っ児で、無邪気さとか純粋なんて、むしろ、いやみと感じ、苦手とする気取り屋だったのが、かの子のような、なまなましい人間を直視することによって、自分をも作りかえてしまったのだ」(『一平 かの子――心に生きる凄い父母』)

そして、母かの子については、通常、激しく異常な妖怪のような人物として語られていますが、その実像についてこう記しています。

「生きている間は、私生活においても公の面でも八方破れ。したがっていろいろと批評され、嘲笑され、誤解されとおして死んだ女。実際、彼女の産んだ子供である私さえ誤解したくなるくらい、猛烈な性格だったが。

しかし私は誤解のカタマリみたいな人間こそ、すばらしいと思う。純粋であり、純粋であるがゆえに誤解される。そしてどこまでが誤解であって、実体がどうなのか、自他ともにわからなくなってしまうくらい、スケールの大きい、――やはり母にはそういう、いいしれない豊かさ、悪くいえば妖怪的な趣《おもむき》があった」(前掲書)

そして、自分の身近にふれた母の姿を、純粋で無垢で、稀有の無邪気さを生涯貫いた童女のような存在だったと書いています。

そして、一平・かの子の夫婦の姿についてはこう書いています。

「たしかに二人ともきわめて特異で非常な性格を持っていた。この二人がまったく異なった資質を持ちながら協同生活を貫きとおし、しかもそれぞれに大成した以上、世間への反映がただならないことはむしろ当然といえる。

互いに批評は問題ではなかった。岡本かの子にとって、真に己をぶちまけて語る相手は一平ただ一人であり、また一平の側から言ってもそうであった。だから真実はどこにも漏れず、架空の伝説のみが世間的にこの夫婦を色あげしているのである」(前掲書)

さすがに身近な太郎の眼から見た父母の姿、そして夫婦の形は大変興味深い。身内の眼というバイアスもあるかもしれませんが、ほかからは見えない真実の一面が覗かれ、そしてそこに、鋭く、しかし優しい眼差しを感じることができるように思います。

父性や母性を大切にしながら、しかし対等の人間としてお互いを尊重した独特の家族の風景を物語っています。

その岡本一家について、親交のあった川端康成は次のような言葉を遺しています。

「岡本一平・かの子・太郎は、私には懐かしい家族であるが、また日本では、全くたぐい稀な家族であった。私は三人をひとりひとりとして尊敬した以上に、三人を一つの家族として尊敬した。この家族のありように私はしばしば感動し、時には讃仰した。

一平氏はかの子氏を聖観音とも見たか、そうするとこの一家は聖家族でもあろうか。あるいはそうであろうと私は思っている。家族というもの、夫婦親子という結びつきの生きようについて考える時、私はいつも必ず岡本一家を一つの手本として、一方に置く。

この三人は日本人の家族としてはまことに珍しく、お互を高く生かし合いながら、お互が高く生きた。深く豊かに愛し合って、三人それぞれ成長した。

古い家族制度がこわれ、人々が家での生きように惑っている今日、岡本一家の記録は殊に尊い。この大肯定の泉は世を温めるであろう」（「母の手紙」序より）

実はこの川端の言葉は、岡本一家の墓域の中に建てられた墓誌にある言葉です。その墓誌は、一家三人のそれぞれの墓が向き合うように建っているその姿を、ちょうどその傍らから眺めるような位置に建っています。三人の生きた姿や、夫婦の形、親子の関係などについて、川端の冷静で、それでいて温かい眼差しを感じることができます。そしてその言葉は、先の太郎の語った家族像・人間像と不思議に響きあっているようにも思われます。

岡本太郎には、かつて番組の制作をしていた頃会ったことがあります。テレビ番組の出演交渉で、青山のアトリエに伺ったときのことですが、初対面ということを忘れるほど率直な応対で、親近感を感じました。予想通りの熱い語り口と、その背後に感じられるやさしくて温かい人柄に、深く魅《ひ》かれた記憶があります。その墓に対面して、あらためて当時の記憶が甦《よみがえ》ってきました。

たしかにこの一家は、世間の常識から見れば不思議で不可解な家族のように見えます。しかし、太郎の言葉「芸術は爆発だ」に即していうと、「家族は爆発だ」ともいえるような気もします。ただしそれは破壊と分裂に至る爆発ではなく、新たな創造と連帯を生み出す爆発といっていいように思います。

その独特な雰囲気を漂わせるこの墓域の前にたたずむとき、墓域それ自体があたかも一つの作品とも思える独自の空間を構成しているようにも思われるのでした。

開発と創業
――井深大と島秀雄

この霊園には日本の近代技術の開拓者、創業家が数多く眠っています。その中から井深大と島秀雄の二人を取り上げてみます。

井深大はソニーの創立者で、テープレコーダーやトランジスタラジオの開発者として、そしてソニーを世界的大企業に成長させた経営者として知られています。

井深の墓は霊園の正門を入って右側の、大きく北に延びる大廻り東通りが東4号通りと交差する近くにあります。入り口の両側にヒノキの植栽があり、その奥の正面に「井深家一門之墓」と刻された墓碑があります。

右手の墓碑銘には、大きく「自由闊達《じゆうかったつ》　井深大」と刻まれ、井深という人物のスケールの大きさを偲ばせるものがあります。

この「自由闊達」という言葉は、ソニーの前身である東京通信工業が創立されたときの設立趣意書の、「真面目ナル技

井深大の墓碑銘

術者ノ技能ヲ最高度ニ発揮セシムベキ自由闊達ニシテ愉快ナル理想工場ノ建設」という文言にある言葉です。常識を乗り越える自由な精神が新しい発見と開発につながるという、井深の真髄を表すキーワードだからといっていいでしょう。

井深は一九〇八（明治四十一）年、栃木県生まれ。早稲田大学理工学部を卒業。戦時中、熱線誘導爆弾の開発などに取り組みますが、この頃後の最大のパートナーとなる盛田昭夫（後のソニー社長）と出会います。

一九四一（昭和十六）年、盛田らと東京通信工業（ソニーの前身）を創立。その後日本最初の磁気テープレコーダー、トランジスタラジオ、トリニトロンカラーテレビなどヒット商品の開発を果たし、ソニーを世界的な大企業に育て上げました。

一方で井深は幼児教育にも力を注ぎ、一九六九（昭和四十四）年に幼児開発協会、七二（昭和四十七）年にソニー教育振興財団を設立、『幼稚園では遅すぎる』などの著作も遺《のこ》しています。

余談ですが、実は井深の母も幼稚園の先生をしていたことがあり、その母がその頃近くに住んでいた野村胡堂の夫人と女学校以来の友人ということもあって、親類同様の付き合いをしていました。早くに父を亡くしていた井深は、胡堂が父親のように感じられ、とくに親しみを持っていたと語っています。その後も、何かと相談にのってくれた胡堂もまた、同じこの霊園に眠っています。銭形平次の胡堂とソニーの井深には、そんな縁もあったのです。

技術開発と教育に多くの業績を遺した井深だけに、数多くの味わい深い言葉を遺していますが、

その中に、

「常識と非常識がぶつかったときに、イノベーションが産まれる」

「その筋が読めるか読めないか、いわゆる直感力が重要だ」

などがあります。

常識を乗り越える発想、直観、それこそが井深の創造の源泉であることをうかがわせる言葉です。これはまた、先の「自由闊達」という言葉と重なるものです。

そして一九九二（平成四）年には文化勲章を受章しています。

一九九二年春、病に倒れ、晩年は車椅子の生活になりましたが、最高の楽しみは技術者たちの報告を聞くことだったといいます。そして一九九七（平成九）年の暮れに八十九歳でその生涯を閉じました。

その最期の様子を、長男の井深亮は次のように書いています。

「（脳梗塞で倒れた後）何度か具合を悪くして、医師に〈覚悟してください〉と言われた時もあったのですが、不思議と父が死ぬと感じたことはなく、父はそのたびに持ち直していました。ところが、平成九年の秋口くらいからでしょうか、父の表情がすっきりし、美しく透明になってきたような気がしました。ふと私は、いよいよかもしれないと思いました。父は日頃からもう入院はしたくない、自分の家にいたいと強く希望しておりましたので、できるだけ家族が父の自宅にいるようにしておりました。（中略）

そして十二月十九日の未明、私、家内のほか姉、義兄、看護師、皆の見守るなかで静かに眠ったまま父は逝きました。本当に穏やかに神の御元に召されたのだと思います」（「文藝春秋」二〇〇八年二月号）

自身の希望する自宅で、親しい人たちに見守られながらの、穏やかで幸せな最期でした。

新高輪プリンスホテルで行われたソニーのグループ葬では、かつて井深のソニーで研究生活を送ったノーベル賞受賞者・江崎玲於奈が、次のような追悼の言葉を述べています。

「私が何より井深さんに共鳴したところは、指針、ガイドラインをどこに求めるかということです。多くの人たちは過去を訪ねてそこに今後の指針を求めようとします。“visit the past to find a guide”です。温故知新、言わば、将来は現在の延長線上にあると見るのです。ところが井深さん、あなたは将来を訪ねてそこに指針を見出そうと努力されました。過去のしがらみに捉われずにものを考えられました。“visit the future to find a guide”です。言うまでもなく、過去はちゃんとドキュメントされていますが、未来は未知です。しかし未知を探求するところにこそチャレンジがあるのです」

「井深さん、あなたは持って生まれたタレントを自由闊達に最大限に発揮して生きてこられたのではないかと拝察します。すばらしい人生を送られ、すばらしい多くのものをわれわれに残してくださいました。それが、今、せめてものわれわれの慰めです」（『不滅の弔辞』）

井深の墓碑に刻まれた「自由闊達」の言葉の重さと深さが、あらためて深く染みとおってくるように思います。

なお、ここから西へ少し歩いたところに、あの自由で大胆で奔放な作風で知られる岡本太郎の墓もあります。「自由」という言葉が、井深さんとどこかで通底するところがあるように感じるのは、いささかオーバーランでしょうか。

その岡本太郎の墓からさらに西へ少し歩いたところに、「新幹線の父」といわれる鉄道技術者・島秀雄の墓があります。島もまた、井深と同じように稀に見る先見性とリーダーシップのもと、日本の鉄道技術の発展を先導しました。

島が、当時多くの反対論や批判がある中、技術陣を率いて世界の鉄道技術をリードする新幹線を完成させたことは、欧米をはじめ各国の注目を集め、「シンカンセン」は世界で通用する言葉となりました。

島の墓は霊園の正門から北へまっすぐ延びる名誉霊域通りを五百メートルほど北へ歩いたところにあり、玉砂利の敷き詰められた広い墓域の奥にある洋型の墓碑の正面には、「島家」と大きく刻されています。その文字は、かつて国鉄総裁として島を支えた十河信二のものです。裏面に、父安次郎らとともに秀雄の名と「平成十年三月一八日歿、行年九六歳」という文字が記されています。そのほか、経歴や業績などを記した墓誌などは一切ありません。

島は一九〇一（明治三十四）年大阪生まれ。父安次郎もまた同じく鉄道技術者でした。

一九二五（大正四）年東京帝国大学工学部機械工学科を卒業し鉄道省に入り、機関車の設計にかかわり、D51（通称「デゴイチ」）などの設計に携わります。

戦後は工作局長を経て車両局長として技術畑の中枢を歩きましたが、大惨事となった桜木町駅事故の責任を取る形で国鉄を退職しました。しかし、その後国鉄総裁となった十河信二の強い要請を受け、国鉄に技師長として復職しました。

電車を中心とする動力の近代化や新幹線開発計画において主導的立場でこれに加わり、一九六四（昭和三十九）年、東京オリンピックの年には東海道新幹線を開通させ、世界の注目を集めました。

島らの新幹線の建設は必ずしもスムーズに推進されたわけではありません。内外には、これからはむしろ高速道路と自動車の時代であり、新幹線の建設は壮大なる無駄遣いではないかという議論もありました。当時、「世界に四バカあり、万里の長城、ピラミッド、戦艦大和に新幹線」と揶揄《やゆ》されることもありました。

しかし、新幹線の成功はこうした杞憂と批判を一気に払拭することになり、鉄道は新しい飛躍の時代を迎えることになります。島はこう語っています。

「東海道新幹線は、たまたま諸条件が整って完成できた。既存の技術を活かして、現場の創意工夫によって完成したのであって、自分は技師長として、それらをまとめあげたに過ぎない」（『新幹線を作った男　島秀雄物語』）

巨大プロジェクトの牽引者でありながら、その言葉はあくまでも謙虚です。

島は一九六九（昭和四十四）年には隔年に世界の工学者を一人選ぶイギリスのジェームズ・ワット国際ゴールドメダルを受賞し、また東海道新幹線建設の功により文化功労者として顕彰されています。

先の井深大は、経済同友会の科学技術推進委員会の委員長を務めた際、この委員会で当時国鉄の技師長で東海道新幹線プロジェクトの島秀雄から、プロジェクトにおける「キーマン」と「説得」ということの重要性を学んだということです。

また、島は一九九二（平成四）年、宇宙開発事業団の初代理事長にも就任し、日本の宇宙開発の発展に貢献しました。日本の人工衛星に「きく」「ひまわり」などの植物名がつけられているのは、島の趣味が園芸であったからだといわれています。

一九九四（平成六）年には文化勲章を受章しています。鉄道人としては初めて、エンジニアとしては先の井深大に続いての二人目の受賞になります。

鉄道技術や島秀雄についての著作もある高橋団吉はこう書いています。

「新幹線は安全で当たり前だ……。わたしたちは無条件でそう信じ込んでいる。しかし、東海道新幹線の安全神話は、なにも天から降ってきたわけではない。神話には、然《しか》るべきもっともなルーツがあり、そして神話を神話たらしめ続けてきた、現場関係者の不断の努力があったのである」

そして、「もし島秀雄がいなかったら……、今世紀、世界の鉄道史はどのように書き替えられていたか。想像してみるだけで、島秀雄という人物の大きさはずっしりと重たい」と書いています。

一九七七（昭和五十二）年、宇宙開発事業団理事長を退任した島は、それまでの苛烈な技術者人生とは対照的な、趣味の庭いじり、花作りを楽しむ和やかな日々を送っていましたが、一九九八（平成十）年、九十八歳という長寿を全うしました。

なお、島の次男隆も鉄道技術者であり東北上越新幹線の設計に携わるなど、三代続いた鉄道一家といわれています。

二〇一一（平成二十三）年春には九州新幹線が開通し、青森から鹿児島まで、列島を縦断する新幹線が貫通しました。あらためて島秀雄の業績が注目を浴びることになりました。泉下の島父子や十河信二らも、喜びと感動に浸っているかもしれません。

井深大と島秀雄――ほぼ二十世紀を生き抜き、戦後の日本の経済発展の基盤を創り、その中核を担った二人は、まさに昭和を代表する創業者であり、技術者であったといえます。

二人の墓前に立つとき、その熱い気迫と志が伝わってくるのを、あらためて深く感じることができるように思います。

第三章　道、ひとすじ

梅原龍三郎（左）岸田劉生（右）の墓

美の求道者
――梅原龍三郎と岸田劉生

洋画家として、日本の近代絵画の開拓者として独自の作風を築き上げた二人・梅原龍三郎と岸田劉生は、ともにこの霊園の中の近いところに眠っています。

梅原の墓は霊園のほぼ中央にある公園の程近くにあり、もともと樹木の多いこの霊園の中でも一段と濃い緑に囲まれた一画にあります。その白い大きな墓碑は、周囲の墓の中で一際《ひときわ》目立つ存在です。正面に大きく梅原龍三郎と妻艶の生年と没年が刻されています。その左手には三十八歳で脳出血で急逝した長男梅原成四と妻明子の墓が並んでいます。また右手の手前には、大きく「和」と記された洋型の碑が建っています。

梅原龍三郎は一八八八(明治二十一)年、京都生まれ。一九〇八(明治四十一)年フランスに渡り、アカデミー・ジュリアンで学びます。翌年ルノワールを知り、師事します。梅原はルノワールに深く傾倒し、計り知れない影響を受けました。

「そら、此の画《え》こそ私が求めて居た、夢見て居た、そして自分で成したい画である。かかる画を見る事が出来てこそかく遠く海を越えてここに来た価値があった。と自らの心に叫んだ」

これは、梅原がフランス留学中にルノワールの画に出会ったときの感動を語った言葉です。

およそ五年の滞仏を終え帰国、一九一四（大正三）年には二科会の創立に参加し、会員となります。そして一九二五（大正十四）年には国画創作協会に洋画部を創設するなど、活躍の幅を広げました。

この頃からルノワールの影響を離れ、日本の伝統を取り入れた独自の作風を築いていきます。梅原は交友関係が広く、有島生馬、武者小路実篤、志賀直哉、柳宗悦、高峰秀子など多彩な人物との親交を結んでいます。

その一人武者小路実篤は、梅原と同時代に生きたことは自分にとって大きな喜びであり、お互いの性質、生活態度には違うところは多くても話せばわかる範囲には深いところがあると語りつつ、梅原の画についてこう書いています。

「彼は自分の世界を持っていて、其処で純な美しい仕事をし、徹底した仕事をしている。一時ルノワールの影響をうけたのは事実であったにしろそれは益々梅原が梅原になるためで、彼は小ルノワールではない。何処《どこ》までも梅原である。日本人としては日本人ばなれした油こい処があるかも知れないが、僕達から見れば何処までも日本人である」（『梅原龍三郎』）

そして、梅原は一個の正直な画家であり、愛すべき画を一生を通して本気に描いた一人の尊敬すべき男である、と書いています。

そんな梅原の画風について、白洲正子は、青山二郎の「因業屋《いんごうや》のビフテキ」という譬《たと》えを引いて、こう書いています。

「昔、青山二郎さんは、梅原さんの絵を〈因業屋のビフテキ〉にたとえた。いんごう屋といっても、今の人達には通じないだろうが、不愛想な親爺が、そば屋の二階みたいな所でビフテキを出し、お醬油をぶっかけて、ごはんと喰べるのが大衆の人気を呼んだ。大正の終りか昭和のはじめ頃で、早く言えば完全に日本化した西洋料理である。明治以来、あらゆる分野で日本人は、西洋文化を身につけようとしたが、因業屋のビフテキほどにも成功した例は数えるほどしかない。模倣することはやさしい。外国語で喋ることも出来よう。国際的というのが現代の合言葉らしいが、日本人であることを忘れて、自分を失って、どこの世界で通用するというのか。生活が洋風になっただけで、人間の血や歴史まで変えてしまうことは出来ないのだ」（『日本の名画　十八』）

この「因業屋のビフテキ」という譬えを引いた白洲の言葉には、先の武者小路の語るところと深く重なるものがあるように思います。

梅原はその後芸術院会員、東京美術学校（現東京芸大）教授を歴任、一九五二（昭和二十七）年には文化勲章を受賞、また七三年にはフランス政府からコマンドール勲章を贈られています。代表作に、「黄金の首飾り」「ナルシス」「桜島」「北京秋天」などがあります。

梅原は画のほかに、書にもまた、深い味わいのあるものを遺《のこ》しています。

川端康成は梅原の書について、「梅原さんの雄渾、高邁、浄妙、豊満の書に出合うたび、私は胸を打たれる。今日類《たぐ》いない書と、私は見る。……また私は書から梅原さんの人を思い、絵を思う。梅原さんほど大きく豊かな人を、ほかに私は知らない。たまに会えると、私の生の恵みと感じる」と書いています（『梅原龍三郎』）。

川端は梅原の書から、その人柄の大きさを感じるといいますが、梅原の絵に、音楽を感じると語る人も居ます。小林秀雄がその一人です。

小林は「僕は、梅原氏の画からよく音楽を聯想《れんそう》する。これは必ずしも僕が音楽好きだからではない様で、氏の画には、音楽を刺激する或る運動感覚がいつも現れている様に思われる」と書き、そして「古赤絵美人図」の例をあげて、「絵模様という実体を欠いたモデルの御蔭で、画才は殆《ほとん》ど楽才に変じているとさえ感ずる。まるでキイでも叩く様に赤や胆礬《たんばん》（硫酸銅の青色―筆者注）が塗られている」と書いています（『無常といふ事』）。

さまざまな人が、梅原の作品からそれぞれの眼で、独自なものを読み取っていますが、そのことは、梅原の作品の独自の味わいと奥の深さを物語っているように思います。

梅原は晩年に至るまで旺盛な創作活動を続けましたが、さすがに最期は心身ともに衰弱が進み、一九八六（昭和六十一）年風邪をこじらせて慶應病院に入院し、狭心症と肺炎を併発し、九十七歳という長寿を全うしました。

梅原に関する著作もある長谷川智恵子は、晩年の梅原と交わしたこんな話を紹介しています。

「――先生はどうして遺言を熱心にお書きになるんですの？

――死ぬ人間としての責任を果たしたいからだろうな。

――たとえば葬式だよ。僕が死んだら葬式なんかしてもらいたくない。無意味だよ。大勢の人が集まるのは迷惑だしね。娘には誰にも知らせるな、面倒だから家をしめて旅行にでもでてしまえ。そんな遺言を書いておくつもりだよ。この絵はどこそこに寄付しちまえ、とか死者の責任はいろいろあるよ」（『美の巨匠たち』）。

実際、死後、自ら収集したルノワール、ドガ、ピカソなどの作品は美術館に寄贈されました。またその遺言状には、

「葬式無用　弔問供物固辞すること　生者は死者の為に煩わされるべからず」

とありました。

「死者の責任」を語った、いかにも梅原らしい潔い言葉です。

梅原の墓から程近いところに、梅原とも親交があり、あの「麗子像シリーズ」で知られる岸田劉生の墓があります。ほぼ同時代を生きた洋画界の巨匠二人が同じ霊園の近くに眠っているのも、何かの縁を感じさせます。

墓域の正面に「岸田家の墓」の墓碑があり、中央に大きな松の木が植えられ、その根元に寄り添うように、思ったより小ぶりな劉生の墓があります。丸みを帯びた自然石風の墓碑に「岸田劉生之墓」と刻された文字は、武者小路実篤によるものです。

岸田劉生は一八九一（明治二十四）年東京生まれ。白馬会研究所で黒田清輝に師事、洋画を学びます。そして一九一〇（明治四十三）年に創刊された雑誌「白樺」を通じて、武者小路実篤、志賀直哉らと親交を結びます。

一九一二（明治四十五）年、高村光太郎らとフュウザン会を結成、後期印象派やフォービズムに近い絵を発表しました。一九一五（大正四）年に中川一政らと草土社を創立し、風景画、静物画、肖像画などの名作を遺しました。「道路と土手と塀（切通之写生）」「麗子像」などはよく知られています。その後、大正末期には初期肉筆浮世絵や中国宋元画に傾倒し、東洋画風の油絵や日本画を描きました。

一九一七（大正六）年には、寒い東京を離れて湘南の鵠沼に転居します。そして一九二三（大正十二）年九月一日に起こった関東大震災に遭遇し、家屋は倒壊し、やむなく鎌倉を離れます。そして名古屋を経て、京都に落ち着きます。

京都では唐画や浮世絵の収集に熱中し、欲しいものに出会うと、矢も盾もたまらずそれを買い求めました。それぞれが相当の値段だったので、金に困ってきます。あの『出家とその弟子』『愛と認識との出発』などで知られる作家倉田百三からは、貸金の返却要求の手紙が来たりしています。その頃の劉生の日記によると、「今月末までに例の金かへして欲しいと云ってきたので蓁（劉生の妻—筆者注）と二人とも心が暗くなる」と記されています。しかしなかなか返却ができず、倉田からは再度返却の催促が来ています。

余談ですが、岸田と倉田は一八九一（明治二十四）年の同年生まれで、文学・美術雑誌「白樺」の同人として交友関係がありました。その倉田百三もいま同じこの霊園に眠っています。その墓は劉生の墓から西へ、この霊園の名物ともいえるしだれ桜並木を歩いて凡《およ》そ六分という近さにありますが、ここにも何か不思議な縁を感じます。

劉生は京都では茶屋遊びに熱中し、取り巻きを連れて飲み歩きました。麗子は『父岸田劉生』の中で、「父は父でほとんど毎晩茶屋酒にひたり、月末金がはいらないと、それでまたヤケになって大酒し暴れるのだった。そんな時の目のすわった父の形相の恐ろしさを今でも忘れることはできない」と書いてます。

あの「麗子像」の麗子の言葉として読むとき、どこか胸に迫るものがあります。

そして京都での二年五ヶ月ほどの生活のあと、再び鎌倉に転居します。しかし鎌倉に戻ってからも劉生の遊びは絶えず、とどまるところを知らない遊蕩児と化し、破滅的な生活に陥りました。その頃の日記には、そうした遊蕩生活から脱して、真剣に仕事に取り組みたいという記述も見えます。一九二八（昭和三）年の元旦の日記です。

「昨夜は終列車にて帰宅、今朝は七時半起床、昭和三年の元旦をむかえる。余は三八歳。蓁三七歳、麗子十五歳、鶴之助三歳となる。誠になごやかなよき正月也。今年はこれ迄三四年の遊蕩生活を改めて、酒も深くのまず仕事をして、よき家庭の人となり度いとこの間中からしみじみ思う」（『父岸田劉生』）

年頭に当たってこのような決意をしているということは、それだけ、放蕩生活がいかにひどいものであったかを物語るものでもあります。

その翌年の一九二九（昭和四）年、当時南満州鉄道株式会社にいた松方三郎の世話で、満鉄から招《しょう》聘《へい》され、満州に行くことになりました。同年九月二十九日、劉生は神戸から大連に向けて出立します。劉生としては、それを一つの転機としたいという思いもあり、また一定の収入を期待した旅でもありました。

しかし、大連では当てにしていた満鉄の幹部の肖像画を描くという目的も外れ、その後開いた画会も不成功に終わりました。半ば失意の劉生は満州各地を旅行したあと帰国の途に就きます。

そして、帰途の途中、随行していた田島一郎の実家のある山口県徳山に立ち寄り、歓待を受け大酒を飲み、そこで発病し、そのまま波乱の生涯を閉じました。

山田風太郎によると、発病後二日を経て、しきりに眼が見えないと訴え、医者から慢性腎盂炎《じんうえん》による視力障害と診断されました。そしてしきりに「暗い！」「眼が見えない！」と叫び、また、「バカヤロー、バカヤロー」と繰り返し叫び、その二日後、多量の吐血とともに死亡しました。死因は胃潰瘍と腎臓病による尿毒症を併発したものでした。

この、いかにも劉生らしい最期の迎え方と、最後まで「死者の責任」にこだわった梅原の逝き方は、鮮やかな対照を見せているように思います。

劉生の死は、あの大往生の梅原に比べて享年三十九歳という若すぎる死でしたが、その短い生涯の中で絵画の制作のほか、執筆活動にも努め、『美の本体』『劉生日記』など、多くの著作を遺しています。その旺盛な創作活動や執筆活動の成果を見ると、とても三十九歳という早世の人とは思えません。

劉生の死に際して、多くの人が弔辞を寄せ、またその芸術と人について語っています。

友人として弔辞を読んだ梅原龍三郎は、「君の芸術上の叡智と勇気とたん錬とは若しミケランジュが生れた時代に置けばミケランジュ丈の仕事を成しとげるものである事を又徽宗皇帝の環境に置けば徽宗以上の名作を遺し得るものである事を自分はよほど以前から感じて居ました。（中略）世界的と云い得る独自の画境を打開した君の大才と大勇猛心は君が只長生きさえすれば必ず計り知られない大きな仕事、計り知られない深く高い芸術がこの世に生み遺されたことを思わずには居られません」と述べています（『近代作家追悼文集成』）。

また、その人物や生き方について語られた言葉にも興味深いものがあります。

親交のあった武者小路実篤は、「芸術には矢張りその人間の持味以上は出ないものだが、君はその持味が実に面白かった。又、稀に見る深さと大きさがあり、力があった」（同前）と語り、椿貞雄は、「古人は山間にこの世をさけ彼は花里に隠世した。晩年は自分の思いのまゝに何のこだわりなく振舞った。一種の出鱈目《でたらめ》とい、意味の太さと稚気と呑気さを持って来た。そして彼は終生堂々と我侭《わがまま》に贅沢に露骨に自己を貫徹した唯一の人だ。それは実に気持ちのい、事である」（同前）と書いています。

たまたまこの稿の執筆中に開催された東京国立近代美術館の「ベストコレクション日本近代美術の一〇〇年」展には、岸田劉生の「道路と土手と塀（切通之写生）」と「麗子肖像（麗子五歳之像）」が展示されていました。この麗子像に対面したとき、先の麗子の言葉を含め、その著『父岸田劉生』で語られたことなどが重なって深く心に届くものがありました。

再び劉生の墓に向き合うと、あの波乱の生涯を送った劉生が、いま大きな松に抱かれるようにひっそりと眠っている姿に、得も言われぬ感動を覚えました。

なお、この美術展では、梅原龍三郎の「北京秋天」にも出会いました。

梅原龍三郎と岸田劉生——明治二十年代というほぼ同時代に生まれ、日本の近代絵画をリードしてきた二人は、いま同じこの霊園に眠っています。二人の対照的な生き方、その波乱の生涯に思いを馳せながらその墓をめぐるのも、また感慨一入のものがあります。

この二人の墓を訪ねたのは、紅葉の終わりの頃でした。散り敷く落ち葉を踏みしめながら歩くその音に、なぜか深く心に響くものがありました。

日本画の近代

——川合玉堂と下村観山

上野の東京国立博物館で開催された「ボストン美術館日本美術の至宝特別展」を見てきました。収蔵品の一部の展示とはいいながら、厳選された作品の数々が一堂に集められ、その迫力に圧倒されました。その中に日本の近代美術発展の基礎を築いた岡倉天心や橋本雅邦の作品がありましたが、彼らに学んだ二人の画家、川合玉堂と下村観山の墓がともにこの霊園にあったのです。

玉堂の墓は正門から西へ大きく迂回する「大廻り西通り」に沿って少し歩いたところにあります。階段を数段昇ると、両側に玉砂利が敷かれたコンクリートの石畳の正面に、白御影の墓碑があり、「川合玉堂之墓」と刻まれ、その左手にとみ夫人の墓碑があります。その墓域は、玉堂の人柄や作品を偲《しの》ばせるように、静謐《せいひつ》なたたずまいを見せていました。近くには歌舞伎の成駒屋五代目中村歌右衛門、俳優の上原謙、作家の舟橋聖一の墓などがありました。

川合玉堂の墓

川合玉堂は一八七三（明治六）年愛知県生まれ。小学校卒業後京都に出て四条派の有力者望月玉泉に入門、ついで幸野楳嶺《こうのばいれい》に四条派を学びます。

そして京都で開催された第四回国内勧業博覧会に出品された橋本雅邦の「龍虎図」は、雅邦の代表作としてその独創性に満ちた迫力が多くの人を魅了しました。もちろん玉堂もこの作品に強い衝撃を受け、三度も見に行ったということです。そこで、「この人以外に自分の師とすべき人はない」と確信しました。そして早速東京へ出て雅邦に入門します。

当時画の道に対する迷いの中にあった玉堂に対して雅邦は、「強欲をお捨てなさい。そうすれば絵はかける。自分の力にないものをかこうとするから苦しむのだ。今日持っている力だけのものを今日かいたらいいではないか」と語りました。雅邦のこの言葉を聞いて、玉堂は眼を開かれました。「私の生涯において雅邦先生のこの言葉ほど胸を打ったものはなかった」と、後年玉堂は語っています（村松梢風『本朝画人伝　巻五』）。

一八九八（明治三十一）年、雅邦に従い日本美術院創立に参加します。一九〇七（明治四十）年東京勧業博覧会で「二日月」が一等賞となり、出世作ともいえるこの作品で、画壇の地位を確立します。また同年には第一回文展開催とともに、三十五歳の若さで日本画部の審査員に任命されます。審査員中、下村観山とともに最年少でした。そして一九一五（大正四）年には東京美術学校（現東京芸大）教授となります。

玉堂は、四条派と狩野派の伝統を取り入れ、また洋画の影響も受けつつ、日本の自然や山村の風景などを描き、独自の作風を確立しました。こだわりのない素直な表現には、詩情豊かで人の心に深くうったえるものがあります。

代表作に「行く春」「宿雪」「彩雨」などがあります。

美術評論家の難波専太郎はこう書いています。

「画域の広い点では、近代日本絵画史上第一人者と言っていい程である。しかもどんな主題による作品でも対象の形態の真実感・動き・存在感・勢いを感じさすばかりでなく、画面に人間的なこまやかな愛情が溶け込んでいる。これは玉堂芸術の大きな特長の一つである」(『現代日本の美術』第八巻)

玉堂の作品に向き合うとき、そこに感じる温かさ、優しさ、そして懐かしさは、こうした玉堂の人間的な深さによるものといっていいでしょう。

その玉堂の人柄について、作家村松梢風はこう書いています。

「玉堂は絵画の研究に対しては限りなく進歩的な人であるが、その他のことでは、何事も常に控えめな人であって、自己の意見を強く主張するということをしないのである。まず他の意見を聴いて、たいがいのことは、自己を殺しても、人の気持を立てるというやり方である。それゆえ、敵ができる道理がないのである。玉堂は忍耐で一生を押してきたという人もいる。(中略)人は彼を目して玉のごとき人格者というけれども、玉も磨かなければ役に立たないように、たえざる修養と錬磨が加えられていることはもちろんである」(村松、前掲書)

謙虚で控えめで、常に自己主張よりも人を立てるという玉堂の奥の深い、ゆかしい人柄を偲ぶことができます。

また、玉堂は画作の傍ら俳句や和歌などにも親しみました。村松梢風は、「謹厳の一面その脱俗自在の境地には蕪村や大雅堂をしのばせるような風流がある」と書いています。

一九五七（昭和三十二）年二月、風邪に罹《かか》り、心臓喘息を引き起こし、一時回復に向かいましたが、六月に悪化し、そのまま逝去しました。享年八十四歳でした。

玉堂は亡くなる数日前、家族にこう語ったということです。

「自分は生涯好きな画を描き続けることができて大変幸せだった。ただ残念なのは、有名になり過ぎて画を描く時間が少なくなってしまったことだ。もっと沢山の画が描けたのに。もっと沢山の人に画を差し上げることができたのに」

いかにも玉堂らしい、謙虚でやさしさを偲ばせる言葉です。

没後四年、東京都青梅市御岳に玉堂美術館が開館しました。ここは玉堂が、空襲が激しくなる東京を離れて亡くなるまでの十年余りを過ごし、愛してやまなかったゆかりの場所で、清流と緑に囲まれた豊かな自然の中にあります。枯山水の庭を囲む塀の向かいにはイチョウの巨樹が聳《そび》え、そのまま一幅の絵を見るような風景となっています。すぐ下を流れる渓流のせせらぎもまた、心地よい趣を添えてくれます。

この地に立つと、玉堂が深く魅了された自然や風土、そしてそこに暮らしていた無名の人びとの息吹、それに深い共感を覚えた玉堂の思いが伝わってくるようです。

黄葉の季節になると、玉堂の画とこのイチョウに会いに、しばしばこの地に出かけるのが、私の楽しみの一つになっています。

なお、この玉堂美術館から多摩川の渓谷沿いに三キロほど下ると、あの吉川英治の記念館があります。吉川もまた玉堂と同じころ空襲を避けてこの地に移り住みました。『新・平家物語』などの名作もここで書かれました。

多摩川に沿って歩くこのコースは、渓流と沿岸の風景がすばらしく、四季折々、さまざまな貌《かお》を見せ、格好のハイキングコースともなっています。


玉堂の墓から北へ凡《およ》そ四分ほど歩いたところに、玉堂と同じく橋本雅邦を師とする代表的な画家・下村観山の墓があります。二人は生まれも同じ一八七三（明治六）年でほぼ同時代を生き、同じ師の門下生で、そしてその墓もまた同じこの多磨霊園にあるのです。

観山の墓は正門から北西に延びる「みたま堂・壁墓地通り」を三百メートルほどそのまま進み、バス通りを越えて左折したところにあります。コンクリートの低層の塀に囲まれた墓域は広く、正面入り口から進むと、その正面の墓碑に「下村観山墓」と刻まれています。墓碑の左後ろにはヒノキの大木が聳え、風格ある墓碑とともに、独自の雰囲気を醸し出しています。

観山は一八七三（明治六）年、紀州藩（和歌山県）の能楽師の家に生まれ、一八八一（明治十四）年に上京し、狩野芳崖、橋本雅邦に師事し、画を学びます。一八八九（明治二十二）年に東京美術学校に入学します。同期に横山大観らがいました。

観山の画才は岡倉天心、橋本雅邦の注目するところとなり、そして同校卒業後直ちに助教授、そして教授となります。

当時、東京美術学校で観山の教えを受けた川崎小虎は、当時を次のように回顧しています。

「観山先生は教室でもあまり口をきくことはなかった。生徒の作品を見て廻るだけで、たまに質問する者があっても極めて簡単に返事をされた。それで生徒達もなんとなくこわい気がして訊ねたい事も控えるようにして、たまたま用事のある時も助手の先生を通して聞いてもらった。しかしわずかばかり言われる事がやはり芸術の精神を伝えていて私たちは心服したものだ」（『現代日本の美術』第一巻）

決して強く語ることはないが、短い言葉の中に語られる確かなメッセージは、生徒たちの心に深く届いていました。一見強面《こわもて》に見えても、その誠実な人柄が偲ばれるように思います。

その後東京美術学校で当時の岡倉校長排斥運動が起こり、天心は美術学校を去ることになり、そのとき雅邦、観山、大観らは天心の後を追って辞職しました。

野に下った天心は日本美術院を創立しますが、そこに観山らも参加しました。その後観山は母校の教授に復帰し、一九〇三（明治三十六）年から二年間の英国留学を経験します。ロンドンでの下宿は、奇しくもつい先ごろまで同じくロンドンに留学していた夏目漱石がいたところでした。

ロンドンの留学を終えた観山は、フランス、ベルギー、オランダ、ドイツ、イタリアを歴訪し、帰国の途に就きました。

観山らが帰国したころの日本美術院は、深刻な財政的危機に陥っていました。その窮状から脱するために、天心は一九〇六（明治三十九）年、日本美術院を茨城県五浦に移住することを決意、天心をはじめ観山、大観らはそこで共同生活をしながら制作に励みました。彼らは毎日朝から晩までそこで制作に没頭しました。もちろんその間、酒を飲み、熱い議論を展開し、密度の濃い時間を過ごしました。とくに観山は酒豪としても知られ、多くの逸話を遺しています。

観山の代表作「木の間の秋」「大原御幸」「小倉山」などはここで制作されました。「木の間の秋」は第一回文展に出品されました。

一九一四（大正三）年には横山大観らとともに日本美術院を再興、創作活動を続けました。

村松梢風は、「観山は技巧においては申し分のない腕があった。大観は常に〈自分は技術ではとても観山に及ばぬ。だからその及ばぬところを他のことで補わなくてはならない〉といっていた。観山の絵が内容的にもあれまで高所に達したのは、全く岡倉天心の賜物だった」と書いています。

一九三〇（昭和五）年、健康がすぐれない日が続いていた観山は、食道がんと診断されました。食物の嚥下が困難となり、少量の流動食を口にするのみの日々でしたが、その後も筆を捨てることなく淡交会に出品する「一休禅師」「春日の雨」などを描き上げました。絶筆となった「竹の子」が完成したのは、その死に先立つわずか八日前でした。その年の五月、一層病状が悪化し、ついに横浜本牧和田山の自宅でその生を閉じました。享年五十七歳でした。

葬儀は東京谷中で日本美術院の院葬として行われ、日本画家木村武山はその弔辞の中で、「先生ハ是レ所謂間出《いわゆるかんしゅつ》ノ偉材ニシテ現代画壇ノ巨星ナリ。夙《つと》ニ狩野ノ正法ヲ究メテ兼ネテ大和絵ノ奥秘《おうひ》（奥義）ヲ窺《うかが》ヒ更ニ西欧ノ手法ヲ参酌《さんしゃく》（比較・参考）シテ遂ニ独自ノ境地ヲ拓キ蔚然《うつぜん》（繁栄する）タル一家ノ大ヲ成ス。（中略）図ヲ構ウル規模雄大ニシテ気格高雅賦色《ふしょく》（色づけ）ノ優麗ハ克《よ》ク人ヲ魅スベク情韵《じょういん》（情趣）備ハル筆致ハ克《よ》ク人ヲ動カスベシ。（中略）先生ガ精神ノ宿ル所ノ幾多ノ名作ハ百代ノ後ニ光輝ヲ放チテ先生ヲ永久ニシ先生ノ斯界《しかい》ニ致セル宏大ノ業績ハ長《とこし》ヘニ後人ノ仰グ所タルベク」と述べています（『下村観山伝』括弧内は筆者注）。

また、多くの美術雑誌等で特集が組まれ、追悼文や回顧談が掲載されましたが、その中には、「下村君を悼む」という川合玉堂の一文もあります（「美の国」第六巻第六号）。

同じ年に生まれ、同門としてともに日本近代美術の発展に尽くした川合玉堂と下村観山は、同じこの多磨の地に静かに眠っています。

観山の墓と道を挟んだ向こう側には、先の玉堂美術館の設計をした建築家吉田五十八の墓があり、バス通りに戻り、それを横断した先には新渡戸稲造の記念碑とその墓があります。

たまたま本稿執筆中に開催された東京国立近代美術館六十周年記念特別展には、日本近代美術百年を代表する多くの作品が展示されていました。その中には下村観山の代表作「木の間の秋」や、川合玉堂の「行く春」をはじめ、本書のほかの項で取り上げた岸田劉生や梅原龍三郎らの代表作なども展示されていて、なかなか密度濃く、また感銘深い鑑賞の機会となりました。

あらためてこの霊園の探訪が、訪れる者を日本の近代美術の回顧へと誘《いざな》う得がたい契機となるものであることを痛感しました。

言葉と音を紡ぐ
――北原白秋と中山晋平

この霊園には大正・昭和を代表する多くの詩人や歌人、そして作曲家が眠っています。その中から、作品を通じてかかわりのある二人、北原白秋と中山晋平を取り上げてみました。

白秋は日本を代表する詩人であり、歌人であると同時に、すぐれた童謡、民謡の数々を遺《のこ》した、「表現の鬼」とも称される才人でしたが、一方で三度の結婚歴を持ち、姦通罪で逮捕歴もあり、極貧の生活を経験し、晩年には視力も失うという波乱の生涯を送った人物でもありました。

白秋の墓は霊園正門から真っ直ぐ伸びる大きな通りに面し、その入り口はサツキに囲まれ、広い墓域の前面に芝生が植えられ、正面の半球形の石塚を支える白御影の台石には大きく「北原白秋墓」と書かれています。いかにも巨人白秋らしい、迫力に満ちた墓碑と思いました。因《ちな》みにこの墓の設計は、白秋の全集の装丁を手がけるなど親交のあった版画家恩地孝四郎です。

その墓にはじめて対面したとき、彼の遺した数々の歌や詩が思い出されて、深い感動を呼び覚ましました。

白秋は一八八五（明治一八）年福岡県柳川生まれ。上京して早稲田大学に入りますが、退学して詩作の道に進みます。一九〇六（明治三九）年「新詩社」に参加、与謝野鉄幹、与謝野晶子、木下杢太郎、石川啄木らと知り合います。因みに上記四人のうち、啄木を除く三人はいずれも同じこの霊園に眠っています。

そして雑誌「明星」に発表した詩が上田敏、蒲原有明らに認められ、広く知られるところとなります。一九〇八（明治四十一）年、木下杢太郎らと「パンの会」を結成します。そして、『邪宗門』『思ひ出』などの詩集、『桐の花』『雲母集《きらら》』などの歌集のほか、雑誌「赤い鳥」で童謡を発表し、多くの童謡集を遺しています。

また山田耕筰や中山晋平らと組んで、日本人に愛唱される名歌の数々を作りました。「からたちの花」「この道」「ゆりかごの歌」「城ヶ島の雨」など、今でも愛唱されている歌も少なくありません。

一方、私生活も華やかで、生涯三度の結婚をするなど、その人生は起伏に富むものでした。一九一二（明治四十五）年には、人妻松下俊子との関係から、彼女の夫から姦通罪で告訴され、そして逮捕、二週間拘留されるという事件も起こしています。犯罪者として社会的制裁を受け、屈辱の日々を過ごしたことは、白秋にとって耐え難い試練のときとなりました。しかし、それが新しい創作への転機ともなりました。

また、酒造業を営む実家からの仕送りで余裕のある生活を送っていた白秋でしたが、その実家の破産によって、そしてまた白秋自身がかかわっていた雑誌の編集からも手を引く事態となり、その生活は急速に逼迫《ひっぱく》していきました。家業を廃し、九州から上京してきた両親などを含めた一家の暮らしは貧窮を極めました。文筆だけで一家を養うということは、至難の技でした。

川本三郎は、「〈詩だけで食べてゆく〉〈歌だけで生活していく〉。同世代の高村光太郎は彫刻家の父を持ち、斎藤茂吉は歌人である以前に医者として生活の安定が保障されていたことを思えば、筆一本で生きる白秋の経済生活は、悪戦苦闘の連続だったといえる。近代の詩歌人で、文筆のみで生き続けたのは白秋の他は、そうはいないのではあるまいか」と書いています。

一九一九（大正八）年、小田原に転居したころから生活も安定し、作風に新生面を拓きました。この頃の作品には、「とんぼの眼玉」（童謡集）や「落葉松」などがあります。またこの前年の一九一八（大正七）年には、鈴木三重吉が児童向け雑誌「赤い鳥」を創刊していますが、白秋はこの雑誌に童謡を精力的に発表し、先に挙げた「からたちの花」をはじめ、膨大な数の童謡を作っています。

数多くの歌集、詩集、童謡、民謡など幅広い名作を遺した白秋ですが、一九三七（昭和十二）年に糖尿病と腎臓病の合併症のために眼底出血を起こし、視力はほとんど失われました。しかし精力的な創作活動は続きました。当時、白秋はこう語っています。

「眼疾のため読書も執筆も全然不可能となったので、このごろでは全部書生に読ませ口述するという生活をつづけている。医者はもう見放したけれど奇蹟ということを信じている私は（中略）却って詩の道に処して透徹してくる自信を感じてきた、見なくてもすむものはすっかり消され、物象の奥の奥の真生命が魂をじかに震撼させてくるようだ、しかしただ困るのは視力と逆に、読書力が抑えても抑えきれぬ力で押してくることである」（『白秋全集別巻』）

艱難《かんなん》を創造の力に変える、白秋の限りないタフネスを感じさせる言葉です。

しかし、全身の病状は次第に悪化し、一九四一(昭和十六)年には歩行困難を来し、そして寝たきりになり、その翌年に波乱の生涯を閉じました。享年五十七歳でした。

薮田義雄の『評伝北原白秋』によると、白秋はその臨終に際し、一片のリンゴを「うまいうまい」と一気に食べ、そして長男隆太郎が新鮮な空気を導こうとして窓を少し開けると、「ああ蘇った。隆太郎、今日は何日か。十一月二日か。新生だ、新生だ、この日をお前達よく覚えておきわたしのかがやかしい記念日だ。新しい出発だ」と語ったということです。

また、白秋はふるさと柳川を愛し、終生そのふるさとを思い続けた作家でした。その死のひと月ほど前に書かれた、やがて発刊される予定の水郷柳河写真集『水の構図』の「はしがき」には、こういう言葉があります。

「夜ふけ人定まって、遺書にも似たこのはしがきを書く。

水郷柳河こそは、我が生れの里である。この水の柳河こそは、我が詩歌の母体である。この水の構図、この地相にしてはじめて我が身体は生じ、我が風は成った。惟《おも》うにひと度は明を失して、偲ぶところ深く、今亦、五蘊《ごうん》尽きむとして、帰するところいよいよ篤《あつ》い」

その福岡県柳川市には、白秋の生家と記念館があり、今も多くの人が訪れています。

青山斎場において行われた葬儀、告別式では、大木惇夫作詞、山田耕筰作曲の「挽歌」が、耕筰の指揮により、二十余名の合唱団によって演奏されました。長い親交があり、多くの作品を共作した山田耕筰の指揮による演奏は、深い感動を呼んだにちがいありません。その会葬者は三千名に及んだといいます。

白秋の没後、堀口大学は、「表現の鬼」と題して、白秋を「この人こそは詩人であった」と次のように書いています。

「この人は表現の火山だった。この人は表現に憑《つか》れていた。思想が感情が、内に滾《たぎ》り立ち、満ち溢れ、どっと一度におし寄せて、彼の口を吃《ども》らせ、彼の手をわなゝかせ、彼の眼を吊りあげさせるのであった。（中略）表現が次から次と続いて、とめどがないのである。もし又、表現しなかったら、この人は必ず窒息したにちがいなかった。彼の内に燃えさかる感動の火炎は、表現以外のはけ口を見出さなかったのである。この人こそは詩人であった」（『堀口大学全集』）

また、土岐善麿は、白秋は「常に、いつでも全身全霊的な詩人であった」と語っています。病に冒されても決して創作意欲を失わず、そして最期のときを迎えても、「新生だ」という言葉を発し続けた姿は、まさに「全身全霊的な詩人」「表現の鬼」と称された白秋に相応《ふさわ》しい逝き方であったといえるように思います。

たまたま先に軽井沢周辺を歩いていたときに、白秋の「落葉松《からまつ》」の碑に出会いました。

からまつの林を過ぎて、
からまつをしみじみと見き。
からまつはさびしかりけり。

たびゆくはさびしかりけり。

からまつの林を出でて、
からまつの林に入りぬ。
からまつの林に入りて、
また細く道はつづけり。（以下略）

白秋が愛したこの地の自然の中で、この詩に出会ったとき、その言葉の深さにあらためて感動しました。もちろん「落葉松」のみならず、ほかの作品の数々が今でも多くの人に愛されています。白秋はまだまだ生き続けているのです。

白秋や野口雨情と組んで多くの名曲を遺した作曲家に中山晋平が居ます。その晋平も、白秋と同じこの霊園に眠っています。晋平の墓からあの白秋の墓までは、東へ歩いておよそ八分という近さにあります。

晋平は一九一四（大正三）年、松井須磨子がトルストイの『復活』の劇中歌として歌った「カチューシャの唄」が大ヒットして注目され、以後「ゴンドラの歌」「波浮《はぶ》の港」などを次々に発表し大衆音楽で多くの作品を遺す一方、童謡や民謡などおよそ二千曲に上る歌を作り、広く親しまれました。

晋平の墓は霊園の北、小金井門から入って少し歩いたところで、近くに作家石坂洋次郎の墓もあります。墓域は緑の植栽に囲まれ、墓碑の右手には高い松の木が大きな墓石に寄り添うように立っています。墓石の正面には「中山家霊塔」と刻され、その左側に「中山晋平建之」と記されています。右手の墓誌はもはや読めません。

中山晋平は一八八七（明治二十）年長野県生まれですから、白秋とほぼ同年代といっていいでしょう。郷里長野県の小学校で代用教員を務めたあと上京。島村抱月の下で書生として過ごし、一九〇八（明治四十一）年東京音楽学校（現東京芸大）へ入学します。同校卒業後、東京・浅草の千束小学校音楽科に勤めます。

そして抱月が松井須磨子と芸術座を創設し、その第三回公演で『復活』を上演、その劇中歌として歌われた「カチューシャの唄」が圧倒的な大衆の支持を受けたのは先に述べたとおりです。それに続いて、翌年の一九一五年には芸術座第五回公演のツルゲーネフ原作の『その前夜』の劇中歌「ゴンドラの唄」の作曲を抱月から任され、これがまた相次ぐヒットとなりました。「命短かし、恋せよ乙女……」という歌詞とメロディーは瞬く間に多くの人びとの心を捉えました。

この唄は、一九五二（昭和二十七）年、黒澤明監督の映画『生きる』の中で歌われ、大きな話題となりました。胃がんで余命のないことを知った市役所の市民課長が、公園のブランコに揺られながらつぶやくようにこの歌を歌う姿が多くの人の胸を打ったのでした。この映画は、その後も再三テレビで放映されるほどの名作ですから、このブランコのシーンを記憶にとどめている方も少なくないかと思います。
晋平がはじめて白秋と組んだのは、一九一七（大正六）年のトルストイ原作の『生ける屍《しかばね》』の劇中歌「さすらいの唄」でした。これもまた松井須磨子の唄で大ヒットし、劇場では須磨子とともに客席が一体となり、歌声が会場を席巻しました。

行こか、戻ろか、北極光《オーロラ》の下を
露西亜《ロシア》は北国、はてしらず
西は夕焼け、東は夜明
鐘が鳴ります、中空《なかぞら》に

（中略）

わたしゃ水草、風吹くまゝに
ながれながれて、はてしらず
昼は旅して、夜は夜で踊り
末はいづくで、果てるやら

その後一九一八（大正七）年島村抱月が、そして次の年には松井須磨子が相次いで亡くなり、芸術座は解散します。晋平はもともと子供が好きであったこともあって、次第に童謡の世界へと軸足を移していきます。

白秋との共作としては、「砂山」「アメフリ」などがあり、やがて野口雨情、西条八十らと多くの名曲を生み出していきます。雨情との共作には、「しゃぼん玉」「証城寺の狸囃子」「あの町この町」、西条八十との共作には、「肩たたき」「東京音頭」などがあります。

晋平はこの三人についてこう語っています。

「北原白秋さんに言わせると、僕は浮気な女房みたいなものだそうです。初めの御亭主が北原さん、次が野口雨情さん、その次が西条さん、そのあいだにチョイチョイつまみ食いもする。そう言われてみると頷けないこともない。そこで、つまみ食いは別として、勢い三人を比べてみたくなるところですが、褒めれば惚気《のろけ》じみてくるし、くさしたいことはあっても、吾れから進んで悪しざまに言えないのが女房というものではないでしょうか」（『定本　中山晋平』）

そして三人の個性について簡潔に述べていますが、白秋については、「一番最初の旦那は名人肌で気むつかしやで、頭の下がる人でしたが、気骨の折れる勤めにくい人でした」と率直に語り、また野口雨情は、「土くさい人ではありましたが、実があって、私には随分やさしくしてくれました」、西条八十については、「持ち前の浮気っぽいところに絶えず苦労はさせられますが、あれで締まるところはキュッと締まったなかなか頼もしい人」と語っています（前掲書）。

ともに仕事をした三人に対する晋平の独自の観察眼にはなかなか面白いものがあります。

しかし晋平は作詞家にとって必ずしも従順な「女房」であるとはいえなかったようです。むしろあるときは詩に対して、修正の提言をしたりしました。とくに晋平がこだわったのは「囃言葉《はやしことば》」でした。晋平は、時としてこの囃言葉がその歌全体の死命を制する場合も少なくないと語っています。その一例として「証城寺の狸囃子」の場合を挙げています。野口雨情の原作では、

証、証、証城寺
証城寺の庭は
月夜だ月夜だ
みんな出て来い
おいらの友達
あポンポコポン

となっていたのを、雨情の了解を得て、いまの曲、

証、証、証城寺
証城寺の庭は
ツ、ツ、月夜だ

皆出て来い来い来い
己等《おいら》の友達ア
ぽんぽこぽんのぽん

と変えられています。そこに晋平のこだわりが、感じられます。

よき作品の背景には、作詞者と作曲家とのよき協働が必要なことは言うまでもないでしょうが、同時に適度の緊張関係もまた重要な要素であるということでしょうか。

余談ながらこの曲は、戦後まもなくはじまったＮＨＫの「英語会話」のテーマソング「カム・カム・エブリボディ」として使われ、圧倒的な人気を呼びました。

多くの作品を遺し、一つの時代を画した晋平も、太平洋戦争が終わり、混乱と再生のときを迎え、新しい作家や作品が登場する中で、いくつかの作品を世に出しますが、かつての勢いを取り戻すことはできませんでした。

晩年は熱海の自宅で過ごしていましたが、少しずつ体調を崩していきました。

そんなある日、晋平は東京・恵比寿の映画館で黒澤明監督の映画『生きる』を見て深く感動したといいます。この映画のことは先に書きましたが、晋平は自身の作った曲（「ゴンドラの唄」）に、あのシリアスな場面で出会い、衝撃と感動に揺さぶられる思いだったのでしょうか。あるいは迫り来る自身の老いと死を、晋平自身どこかで感じ、それに重ねていたのかもしれません。

その翌日、出先の東京で激しい腹痛を起こし、熱海に帰って寝込んでしまいました。その後も病状は思わしくなく、熱海の国立病院に入院しました。検査の結果すでに手遅れで、そのまま息を引き取りました。病名はすい臓炎、没年は一九五二（昭和二十七）年、享年六十五歳でした。

長男卯郎の妻富子の話によると、晋平は意識が混濁する中でようやく聞き取れるような声で、

あの町　この町
日が暮れる　日が暮れる

と歌っていたといいます。

作家和田登は、「最期のときに、童謡〈あの町この町〉が口から出たことは、子どもを愛し、とりわけ子どもの歌作りに精力を注いだ晋平らしいこの世との別れ方である」と書いています（『唄の旅人　中山晋平』）。

築地本願寺で行われた葬儀には、多くの著名人のほか一般の人びとの姿も見られました。ビクター・アーティストたちが歌う「カチューシャの唄」や、児童合唱団の歌う「てるてる坊主」が会場に流れ、多くの人びとに親しまれた晋平らしい葬儀であったといいます。

北原白秋と中山晋平、この二人の巨人はそれぞれに、あるいは相携えて大正・昭和の文学、芸術、大衆文化、児童文化の発展に大きく寄与しました。戦時体制という時代の趨勢《すうせい》の中では、ほかの文

化人と同様に一時戦意高揚のための国策に加担したことはありましたが、その作品の多くがいまだに人びとの心の中に生き続け、親しまれているということは、言葉の力、音楽の命ということをあらためて感じさせます。

「人生の並木道」、「星の流れに」
――ディック・ミネと利根一郎

長谷川町子の墓から東3号通りを左折し、西に進むと三島由紀夫の墓を通り、少し歩いたところに、ある人物のレリーフのある墓が目に止まりました。

どこかで見たような顔だと思いつつ確かめてみると、それはあの往年の名歌手ディック・ミネでした。若い人たちにとっては、もう馴染《なじ》みのない過去の人ですが、中高年以上の人たちにとっては、記憶に残る大スターです。本当に懐かしい人物に出会い、あの時代に思いを馳《は》せました。

ディック・ミネは一九〇八（明治四十一）年生まれ、本名は三根徳一です。立教大学時代は相撲部に所属したこともありますが、ジャズバンドを結成し、ダンスホールでアルバイトをして、演奏しつつ歌も歌っていました。

卒業後は父親の勧めで一時逓信省（現総務省）に就職しましたが、ダンスホールのバンドに誘われ、音楽の道に入ります。そこで淡谷のり子に見出され、歌手の道に進むことになります。そして古賀政男の勧めでテイチクに入社、一九三四（昭和九）年、自ら訳詩、編曲し、歌った「ダイナ」、そして「黒い瞳」が大ヒットし、鮮烈なデビューを果たしました。

翌年、古賀政男作詞による「二人は若い」がヒットし、ジャズから歌謡曲へとその活動の幅を広げていきます。

以降、「人生の並木道」「旅姿三人男」「アイルランドの娘」「林檎の木の下で」など大ヒットが相次ぎ、和製ポップスから歌謡曲まで幅広くこなし、時代を代表する大歌手となりました。

しかし、時代の波は彼を含む芸能界にも圧倒的な勢いで押し寄せました。一九三六（昭和十一）年には二・二六事件が起こり、翌年には盧溝橋事件が勃発し日中戦争に突入、その翌年には国家総動員法が公布され、そして一九四〇（昭和十五）年には日・独・伊三国同盟が成立、大政翼賛会が発足し、戦時体制一色となります。

この年には内務省によって芸名の改名が指示され、外国人と紛らわしいカタカナ文字などの芸名、ミス・ワカナ、ミス・コロンビアなどとともに、ディック・ミネの芸名も使えなくなり、やむを得ず、「三根耕一」と改名しました。同時に、ダンスホールも禁止され、ミネの活躍の場は大きく制約されました。翌年には太平洋戦争も勃発します。文字通り、ディック・ミネの歌手人生は順調なスタートを切りつつ、昭和の戦時体制とともに苦難の道を歩むことになります。

余談ですが、このとき、当時抜群の実力を誇ったプロ野球

ディック・ミネの墓

東京巨人軍のスタルヒン投手は須田博と改名しましたが、そのスタルヒンの墓も同じこの霊園にあります。時代に翻弄され、ともに改名を強制された名歌手と名投手が、偶然にも同じこの地に眠っているのです。

ミネは戦後、活動を再開し、「長崎エレジー」「夜霧のブルース」「雨の酒場で」などのヒット曲を連発する一方、映画の世界でも活躍しました。発表したレコード曲は千曲を超え、一九七九年からは日本歌手協会会長として音楽界発展のために尽力しました。彼が面倒を見、育てた後輩としてフランク永井や、藤田まこと、植木等などがいます。

彼は社会的な問題への関心も強く、時代を見る確かな目も持っていました。一時期反核運動にも参加したり、また最盛期のテレビのあり方にも批判の眼を向けていました。テレビ局の姿勢に疑問を向けた後、こんな風にも語っています。

「それ以上に悪いのが、スポンサーだよね。視聴率の高いものを作れ作れって、テレビ局をあおるわけだから、それに大手の広告代理店が、テレビ局の株を持って首根っ子を押さえているしね。テレビマンの良識派がいくらいい番組をと思ったって、できない仕組みになっているわけだから、テレビ局も可哀相とはいえるけど……。（中略）

テレビがこれだけ普及した時代になったんだから、制作側が責任を持たないといけない、と思うよ。もちろん出演するタレント側も勉強しなければいけない。ぼくは芸能界の先輩として、ただ齢を取ったっていうだけでなく、これからはこういった問題に、真正面から取り組もうと思っている」（『あばよなんて、まっぴらさ』）

なんとも率直で厳しい発言です。それはまた、いっそう混迷と衰弱を極める現代のテレビのありようを見越したような言葉ともいえます。

そして、そろそろ引退か、というような噂が流れたとき、自身の生き方と芸に対する姿勢をこう語っています。

「そりゃぼくだっていつかは消えていきますよ。でもね、日本国そのものが失くなっちまうかもしれないような、すさまじい時代を、夢を創りつづけてきたんだよ。ぼくと一緒にこの時代を人間やってきたファンの方々にとって、ぼくは、ひょいと出てきたその場かぎりのタレントとはちょっと違うんだよ。これはうぬぼれじゃない。使命感みたいなものなんだ。（中略）

今日までのぼくを支えてくれたファンの皆さんと、あらためて目の高さを同じにしてさ、偶像ではない、人間としてのぼくの地で、手をつないで行きたいんだよ。人間にはそれぞれの幕の引き方がある。ぼくは自分のフィナーレは自分で演出するよ」（前掲書）

芸能人である前に人間であれと語るその言葉に、今ではもうこの世界ではなかなか出会うことが少なくなった「気骨の人」の姿を見ることができます。

昭和を代表する大歌手として、また伝説のプレイボーイとして名を馳せたディック・ミネも、一九九一（平成三）年、急性心不全で死去、八十二歳でした。

三根家の墓の中央の墓碑には、「三根家之墓」と刻まれ、その左手にディック・ミネのレリーフがあります。レリーフの左には「音に生きるディック・ミネ」と記され、その裏面には代表曲である「人生の並木道」の歌詞が刻まれています。

人生の並木道
作詞　佐藤惣之助
作曲　古賀政男

泣くな妹よ
妹よ泣くな
泣けば幼い
ふたりして
故郷を捨てた
甲斐がない（以下略）

ディック・ミネのレリーフに対面し、この歌詞を眼にすると、自然にそのメロディーが甦《よみがえ》ってきました。ここに眠っていたんですか、思わずそんな声をかけたくなるような懐かしさを覚えました。

霊園の南側、浅間山の裾野が東に延びる傾斜地は、ほとんどが平地を占めるこの霊園で唯一のひな壇の墓地になっている場所です。

ここには江戸川乱歩や東野英治郎の墓がありますが、乱歩の墓のすぐ近くに昭和の歌謡界を代表する人物の一人、作曲家・利根一郎の墓があります。「利根一郎」と聞いても、この名前だけではもはや知る人も少ないかもしれませんが、代表曲として「星の流れに」「ガード下の靴みがき」の曲名を挙げると、あの歌の作曲者かと納得される方も多いと思います。

その墓には、正面に五輪の供養塔があり、その右手には利根一郎の略歴などが書かれた墓誌があります。代表的なヒット曲も記され、橋幸夫が歌った「霧氷」が一九六六（昭和四十一）年のレコード大賞を受賞したことなどが書かれています。

利根一郎は一九一八（大正七）年群馬県生まれ、本名恩田良武。早稲田大学政経学部を中退し、一九四二（昭和十七）年ポリドールに入社。以降、東芝、テイチク、キングを経て、ビクターの専属となります。

星の流れに

一九四七（昭和二十二）年には、「星の流れに」（清水みのる作詞）が大ヒットしました。菊池章子の歌ったこの歌は、戦後の世相を反映して、多くの人に受け入れられ、歌詞の「こんな女に誰がした」は流行語にもなりました。

作詞　清水みのる
作曲　利根一郎

星の流れに　身をうらなって
何処をねぐらの　今日の宿
荒《すさ》む心でいるのじゃないが
泣けて涙も　涸れ果てた
こんな女に誰がした（以下略）

因《ちな》みに、先のディック・ミネの大ヒット「夜霧のブルース」もこの「星の流れに」と同じ年に発売されています。そして、この「星の流れに」のB面には、同じくディック・ミネの「股旅ブルース」が入っています。

利根一郎はその生涯におよそ千二百曲を作曲していますが、その中には「星の流れに」のほかにも多くのヒット曲が含まれています。そのいくつかを拾い出してみると、

灰田勝彦の歌では、「水色のスーツケース」
小畑実の歌では、「星影の小径」「そよ風のビギン」「アメリカ通いの白い船」
暁テル子の歌では、「ミネソタの卵売り」

宮城まり子の歌では、「ガード下の靴みがき」
曾根史郎の歌では、「若いお巡りさん」
橋幸夫の歌では、「雨の中の二人」「霧氷」

などがあります。

中でもとくに有名な「ガード下の靴みがき」について、宮城まり子は「日本経済新聞」に連載した「私の履歴書」の中で、その特別な思いを書いています。

宮城がレコード会社の事務所にいたとき、たまたまデスクの足元のゴミ箱に捨てられていた歌詞の原稿用紙を発見し、ぜひ歌ってみたいと直訴して歌ったのがこの歌でした。

宮川哲夫作詞、利根一郎作曲のこの歌はたちまち大ヒットとなり、宮城はその年の紅白でこの歌を熱唱しました。そして全国から「ありがとう」という感動と感謝の手紙が殺到しました。宮城は部屋いっぱいになった手紙を捨てられず、いつまでも大切にしていたということです。

この宮城の記事を目にした一人、利根一郎と同郷で群馬県明和町の恩田久町長はこう語っています。

「今ではガード下の靴みがきの少年達は見られないが、戦争直後の当時とすれば、食べるものも十分なく、着る物もままならないそんな時代であったので、国民全体が、何とか生き抜こうと必死であった。私もこの歌には少し興味があって、この歌の作曲家・利根一郎から、〈この歌は絶対私に歌わせてとしつこくせまる……へんな子がいるんだよ。そのしつこさがあったので、あのガード下の靴みがきの歌があるんだよ〉とよく自慢げに聞かされていた」

利根一郎の墓を訪ねた後、岐阜からの「NHKのど自慢」を見ていたら、「ミネソタの卵売り」を歌った女性がいました。インタビューの中で、これは彼女の母の愛唱歌で子供の頃からよく聴いていた歌だと話していました。久しぶりに聴いた歌でしたが、懐かしさとともにその偶然にいささか驚いた次第です。

それから程なくして、ある知人宅を訪問した際、歌手ちあきなおみがカバーしたCDが話題になりました。その少し前、新聞か雑誌で、ちあきなおみのカバーアルバムがいい、とくに石原裕次郎の「夜霧よ今夜も有難う」がいいという記事を目にし、手に入れようとしていたものでした。そのCDの中に、利根一郎の「星の流れに」と「星影の小径」の二曲が入っていたのです。ちあきなおみの絶唱で、利根一郎が新たに甦っていました。後日そのことを、利根一郎の墓前に報告したことは言うまでもありません。

ディック・ミネと利根一郎――昭和という時代の大衆文化、大衆芸能の大きな一翼を担ってきた二人の墓とその足跡を訪ねるとき、あらためてこの国が歩んできた時代と世相、そしてそこに生きた無名の人びとの姿が偲ばれます。そしてまた、ここを訪れる人は、それぞれに、自身の生きてきた道程と重ね合わせながら、懐かしく、しかし熱く、「昭和」という時代を振り返ることになると思います。

カントリー&ドラム
――小坂一也とジョージ川口

霊園の北側の小金井門から入り、大廻り西通りを東に少し歩いたところで、往年の名歌手、俳優の小坂一也の墓に出会いました。この墓との出会いは偶然でした。

通りを歩いていたとき、朗々とした高い歌声が聞こえてきたのです。引き込まれるようにそちらに足を向けると、歌っている初老の男性の姿がありました。聞くと、かつて小坂一也らと組んでいたバンド仲間の一人でした。

「たまに墓参りに来て、小坂の前でこうして歌うんですよ」、とその男性は話してくれました。没後もう十四、五年にもなりますが、ずっとそれを続けているということでした。その熱い心情に打たれて、こちらもまた温かい気持ちになりました。

小坂の墓は周囲の墓と変わらない、極めて簡素なものです。墓石の正面に「小坂家之墓」、その左側に「釋一声　小坂一也　平成九年十一月一日　六十二歳」とあるのみで、墓誌も記録もありません。しかし、そのひっそりとしたたたずまいが、いかにも謙虚で控えめな小坂の人柄を偲《しの》ばせるもののように思われました。

小坂一也は一九三五(昭和十)年名古屋市生まれ。成城学園高校時代からバンド活動に熱中し、進駐軍のキャンプ地などで演奏活動をして回りました。

一九五四（昭和二十九）年ワゴンマスターズを結成し、リードボーカルとして、カントリーミュージック、ロカビリーでアイドル的な人気を博し、「和製プレスリー」と呼ばれたりしました。デビュー曲は「ワゴンマスター」でした。

ワゴン・マスター
急げよ幌馬車
ワゴン・マスター
うれしい便り乗せて
雲の果てにつづく道
恋しいあの娘の街へ
ワゴン・マスター
日暮れだ星空だ（以下略）

この曲はレイモンド服部作曲の和製ウエスタンでしたが、これが空前の大ヒットとなりました。

当時はテレビの普及率もまだ低く、主に地方巡業によってファンの期待に応えました。寧《むし》ろ映画の最盛期にあったので、「映画と実演」というスタイルの興行で人気を博しました。

続いて「デービー・クロケットの唄」「雨に歩けば」「16トン」などハイペースでヒットを続発しました。「デービー・クロケットの唄」以降のほとんどはアメリカの曲のカバー・バージョンで、いずれもレイモンド服部か岩谷時子の手になる日本語の歌詞がつけられていました。「直訳でもなく、さりとてそれほど意訳というものでもない。メロディーの流れにぴったりとフィットしている。これがレコードの売れた要因だったともいえる」、小坂はその自著の中でこのように謙虚に書いています。

原曲を日本語に替える作業は大きな苦労を伴いました。プレスリーの「ハートブレイク・ホテル」の吹き替えのときのことを、小坂はこう語っています。

「レイモンドさんに呼ばれて、洗足池にある先生のお宅まで伺った。レイモンドさんが考え出した訳詩をワンフレーズずつ私が歌ってみる。ちょっとぎこちない感じがあればそこをまた手直ししながら進めていって、夜も白みはじめたころにようやく〈ハートブレイク・ホテル〉四コーラス分の日本語の歌詞が完成した」（『メイド・イン・オキュパイド・ジャパン』）

一躍人気バンドとなったワゴンマスターズには、全国をくまなく回るハードな巡業が続きました。人気曲は前記の曲のほか、「テキサスの黄色いバラ」「ホワイト・スポーツコート」「モンタナの夜」「ラブ・ミー・テンダー」「ハートブレイク・ホテル」などでした。

やがてコロンビアからオリジナル曲「青春サイクリング」を出すことになります。古賀政男作曲のこの曲は瞬く間に大ヒットし、小坂のレコードの中でも最も売れた曲となりました。

この曲の成功は、小坂にとって大きな感動であったようです。小坂はこう語っています。

「〈青春サイクリング〉は、数ある私のレコードの中でもいちばん良く売れたレコードだった。〈ワゴンマスター〉も〈ハートブレイク・ホテル〉も〈北風〉も、それは人に喜ばれはしたが……。この曲によって私も歌手として全国区に躍り出たというべきかもしれない」（前掲書）

前年の「ハートブレイク・ホテル」に続き、この年もこの曲を携えて紅白に出場しました。

歌手として知られる小坂ですが、やがて芸域を広げ、映画の青春スターとしてデビュー、「この天の虹」で木下恵介監督にその演技力を認められて数多くの映画、そしてドラマに出演し、存在感ある俳優として活躍しました。

晩年は健康を害し、闘病しつつ活動を続けましたが、一九九七年食道がんのためその生涯を閉じました。享年六十二歳でした。

亡くなる半年前に東京厚生年金会館で開かれたコンサートには、宮前ユキ、寺本圭一、かまやつひろし、浅丘ルリ子、平尾昌晃ら多くの仲間やファンが詰め掛け、小坂は食道がんに侵されながらも見事な歌いぶりを披露し、感動的なラストコンサートとなりました。

このコンサートの模様は一九九七（平成九）年十月二十七日にＮＨＫ・ＢＳで放送され、大きな感動をよびました。この放送を小坂は病床で見たといいます。小坂が亡くなったのはその放送から五日後でした。

いま、その墓前に立つとき、あの「ワゴン・マスター急げよ幌馬車……」や「青春サイクリングヤッホーヤッホー……〉と歌う小坂の声が聞こえてくるようでした。

小坂の墓から大廻り東通りを東へ向かって進み、右へ大きく迂回した先にある東門の近くで、あの往年の名ドラマー、ジョージ川口の墓に出会いました。「川口家之墓」と記されたその墓碑は、はじめはジョージ川口の墓とは気づきませんでしたが、右手の墓誌を読んで、ようやくあの川口の墓ということが判明し、懐かしい感動を覚えました。

白御影の洋型の墓石の正面にはハープを模した図柄が刻まれ、その下に「川口家之墓」と書かれています。右側の墓誌には、家族の名前とともに、その戒名が「廣響院快鼓日譲居士　平成十五年十一月一日歿　楽師譲二　行年七六歳」と記されています。

川口は小坂より十年近く先輩に当たりますが、やはりアメリカのジャズに魅せられ音楽の道に入りました。

一九二七（昭和二）年京都府生まれ。幼少の頃大陸へ渡り、当時の満州（現中国東北部）で過ごしました。父養之助は日本のジャズ界の草分け的な存在で、その父の影響で音楽に囲まれた環境で育ちました。家にはベニー・グッドマンらのレコードが

ジョージ川口の墓

あり、そこでドラムを熱演しているジーン・クルーパに惹かれていました。

そして十一歳のとき、ある衝撃的な映画（『ハリウッド・ホテル』）との出会いを果たします。その中でドラム界の当代第一人者、ジーン・クルーパの演奏する姿に出会ったのです。そのときのことを、川口は次のように書いています。

「そのジーン・クルーパが〈シング・シング・シング〉の劇的な場面で、スクリーンに動く姿をあらわしたのである。わたしは電気に打たれたように体中がゾーッとしびれるのを感じた。あのレコードのジーン・クルーパが、目の前で演奏している！わたしの目はスクリーンに釘づけになった。そしてその瞬間、わたしは、〈オレがなりたいのはこれだ！〉と感じていた。

その日は家に帰ってからも興奮がさめやらず、帰るなりドラムスを叩いた。まぶたに焼きついているジーン・クルーパの華麗なドラム・スタイルを精一杯真似たつもりだった」（『人生は4ビート』）

十一歳のときの原体験でした。ドラマーになりたいという憧れは、その心の中に潜在意識として沈潜していきました。

しかし、やがて日中戦争から太平洋戦争へと、戦争の時代に突入し、その夢はしばらく封印せざるを得ませんでした。

父親に伴って、六歳の頃から大陸で育ちましたが、戦後もしばらくは大連にとどまり、父のバンドで、演奏に加わりました。

一九四七（昭和二十二）年には日本に引き揚げ、米軍のクラブなどで演奏活動を開始しました。その後三木トリローバンドに加わり、プロとしてデビューします。

一九五三（昭和二十八）年には、テナー・サックスの松本英彦、ベースの小野満、ピアノの中村八大らとビッグ・フォーを結成します。当時いずれも二十代で若く、夢と希望に満ちていました。「柄は小さいけれど、やることはでかいぞ」という気持ちをこめて、ビッグ・フォーと名付けたと川口は書いています。このビッグ・フォーの成功は日本に大きなジャズブームの旋風を巻き起こしました。その頃のことを川口はこう語っています。

「今、ふり返ってみるとき、当時のビッグ・フォーの溌剌《はつらつ》とした若いエネルギー、自信にみちた颯爽《さっそう》たる姿、それが若い人たちの共感を呼び、心をとらえたのではないかと思う。

なにしろ、戦後のこの時期は、終戦直後の暗い時代から脱け出して、若者たちは自由と平和を謳歌しはじめていたときだ。彼らは、青春時代のエネルギーを、〈何か〉に向かって爆発させたくて、うずうずしていたと思う。その〈何か〉の登場をいまや遅しと待ちこがれていたのではないだろうか」（前掲書）

この頃の時代背景を見てみると、ビッグ・フォー結成の前々年の一九五一（昭和二十六）年にはサンフランシスコ講和会議が開かれ、対日平和条約が締結され、日本は主権を回復しています。またこの年にはボストンマラソンで田中茂樹が優勝、その翌年にはボクシングのフライ級で白井義男が世界選手権を獲得、黒澤明の映画『羅生門』がヴェネチア＝グランプリを受賞するなど、国際社会の中で日本が高く評価される出来事が相次いでいます。それは当時の日本人に、大きな自信と希望を与えました。川口の言葉はこうした時代背景をもとに語られています。

川口は一九八一（昭和五十六）年から、ジャズの本場アメリカで世界的なドラマー、アート・ブレーキーや、大物バイブ奏者、ライオネル・ハンプトンとのレコーディングやカーネギーの舞台で演奏活動を展開したりします。

自らの演奏活動はもちろん、渡辺貞夫、山下洋輔、日野皓正ら多くの後進を育て、日本のジャズ界に貢献しました。そしてジャズ界からは初めてという、芸術選奨文部大臣賞や紫綬褒章など、多くの賞を受賞しています。

川口は常にハングリーな精神を忘れずにその道に取り組んできた、逆境の時代にも「今にみておれ」と歯を食いしばってスティックを握り続けたことが、自身の原動力になったと語っています。そしてその人生と音楽について次のような言葉を遺しています。

「そもそもジャズという音楽は、そういうハングリーな音楽だし、覇気や情熱を失ったジャズは人の心に訴えない。そうしてつかんだ幸せな人生だった。わたしは、他人がなんといおうと、自分なりに幸せな人生を歩んできたんだと、誇りをもっていえるのが嬉しい」（前掲書）

その死の直前までスティックを握りつづけた川口でしたが、二〇〇三（平成十五）年、東京渋谷区の病院で、脳出血のためその熱い生涯を閉じました。享年七十六歳でした。

川口の墓に対面するとき、その墓誌に刻まれた「廣響院快鼓」――この戒名の文字がいかにも川口らしく、躍動する川口の姿とあの音がいまも耳に響いてきそうな感じがしました。

小坂一也とジョージ川口——この二人の墓を訪ね、その生涯と仕事を振り返るとき、それは単なる戦後芸能史にとどまらず、まさしく占領期から独立を経て急速な経済発展を遂げる時代の日本の大衆文化や世相を鮮やかに映し出す鏡に譬《たと》えることができるように思えます。

極意の漫談

――大辻司郎と川田晴久

霊園に眠る多くの芸能人、芸人といわれる人たちの中から、先に徳川夢声をとりあげましたが、ここではその夢声とほぼ同時代に活躍した二人、大辻司郎と川田晴久をとりあげます。

大辻司郎という名前を聞いても、すぐにピンと来る人はもはや少数派になってしまいました。しかし大辻は、活弁家（映画説明者）、放送芸能家、俳優として絶大な人気を誇った徳川夢声とほぼ同時代の生まれで、夢声と同じく活弁出身で、漫談家として時代を代表する芸人の一人といっていいでしょう。

大辻の墓は霊園のほぼ中央を南北に貫通するバス通りの北の入り口近くにあります。墓域はそれほど広くはありませんが、入り口の階段を三段登り左に折れると、正面に「大辻家墓」と刻んだ墓碑があります。右手の墓誌には、父九八、慈母ナカの名前とともに、大辻司郎の名前が記されています。一世を風靡《ふうび》した漫談家の墓は、意外に簡素なものでした。

大辻は一八九六（明治二十九）年東京生まれ。株屋の店員などをしながら三代目柳家小さんのもとで落語を習っていましたが、やがて映画の活弁士となります。ポツリポツリとした独特の口調に味があり、「胸に一物、手に荷物」「勝手知ったる他人の家」「ハラハラと落つる涙を小脇に抱え」などの迷文句で話題になりました。また、吉屋信子などに倣《なら》ったオカッパ頭もトレードマークになりました。

夢声の回顧によると、大辻とは同じ活弁士として新橋金春館（映画館）で仕事をしたことがありましたが、仕事の合間に楽屋で〝寄席ごっこ〟をしていました。その寄席ごっこで、夢声は大辻の話術における才能を見出し、こう忠告しました。

「大辻君、あんたは説明者なんかより落語家になるほうが好いですよ。ベン士なんてものは、要するに写真（＝映画のこと─筆者注）あってのベン士で、独立した芸ではない。ツマランです。そこへいくと落語家は、扇子一本、手拭《てぬぐ》い一筋で、森羅万象を表現するんだから、たしかに本筋の芸術です。しかし、落語家も現状のままではいけません。十年一日の如く、ムカシ噺の繰り返しではダメです。新時代に即した、新時代のハナシカが出るべき秋《とき》です」（『いろは交遊録』）

夢声が大辻にこう忠告したのは、もちろんその話術に天才の片鱗を見出したからですが、同時にそのマスクの独特な味に注目したからだといいます。夢声は「これはアッパレなる人相だ。これほどの逸品を、活動弁士でクラヤミの中に退蔵しとくテはない。全く勿体ないと思った」と書いています。

やがて夢声と大辻は、新設された神田神保町の東洋キネマに移りました。その頃は時折停電があって上映が中断したのですが、そんな時大辻は自ら進んで舞台に出て、停電が回復するまでつなぎのお喋りをしました。それが実に巧く、停電がどんなに続いても恐るるに足りなかったといいます。

「なにしろ、彼が一言何か言うたびに、客がドッと笑うのである。このくらい、頻繁に客を笑わせる話術は、一人の芸としては、嘗《かっ》ての柳家金語楼、アプレの三遊亭歌笑以外には、私は知らない（漫才は別である）」（前掲書）

その後、一九二四（大正十三）年、夢声の楽屋を訪れた大辻は、いよいよハナシ（家）でやっていこうと思うのだが、落語とは違うものだから、違う名前をつけたい、〝漫画〟というものがあるんだから〝漫談〟というのはどうかと話しました。それに対して夢声は賛成し、ここに「漫談」という言葉が誕生したといいます。

やがてトーキーの時代になり、弁士たちは一斉にその職を失い、それぞれの道を模索することになります。

一九三三（昭和八）年古川ロッパの劇団「笑いの王国」の旗挙げ公演に、大辻は夢声とともに参加します。このときの出演者の顔ぶれは、夢声、ロッパ、大辻のほか、小杉勇、島耕二、岸井明、渡辺篤、三益愛子など豪華メンバーでした。その公演は大盛況で、ついに浅草名物となりました。その後の作品でも、大辻はおかっぱ頭の独特な風貌で人気を集め、話題を呼びました。

戦後は舞台や映画で活躍する一方、自分の声に保険をかけるなど、とかく話題になりました。

一九五二（昭和二十七）年、公演で長崎に向かうため搭乗した日航機（もくせい号）が羽田を飛び発った後、伊豆大島の三原山に衝突し墜落、乗客乗員全員が死亡、大辻は非業の最期を遂げました。享年五十五歳でした。

古川ロッパは、その日記に、「あ、何と！大辻司郎等の乗っていた飛行機は、三原山に激突、粉砕、ちらばっている屍体の、眼も当てられぬ惨状が、第一面に大きく出ている。（中略）乗り組みの三十七名はみな死んでいる。あゝ嫌だ嫌だ」（四月十一日記）と書き、また大辻邸での通夜（四月十三日）の日には、「大辻未亡人・娘のかお見ると涙が出る。柳家金語楼・服部良一・笠置シヅ子の顔も見え、飲めと言われるが、此のお通夜飲む気などしない。あんな死に方では、悲しんでやるより怒ってやりたい」と記しています（『古川ロッパ昭和日記』戦後編）。

余談ですが、芸能人や作家の飛行機事故死というと、向田邦子や坂本九のことが記憶にあります。向田は五十二歳、坂本は四十四歳でした。そしてこの大辻は五十五歳、いずれもまだ働き盛りの若さで、その多才振りを考えるとき、無念というほかはありません。

生まれはほぼ同じでも、夢声が戦後も長く活躍し、一九七一（昭和四十六）年、七十七歳まで生きたのに対し、大辻は五十六歳という若さで悲運の生涯を閉じています。夢声に先立つこと凡《およ》そ二十年、もしもう少し長生きしていたら、「漫談」という、自ら開発したその芸にもっと磨きがかかり、昭和の芸能史はもう一味違う展開を見せたといっていいでしょう。

その大辻の墓から南へまっすぐ三百メートルほど歩いたところに、昭和を代表する大衆演芸家、川田晴久の墓があります。一世を風靡《ふうび》した「地球の上に朝が来る」のメロディ、「川田晴久とダイナブラザーズ」の名前に、懐かしさを覚える方も少なくないと思います。

川田の墓は正面に「川田晴久の墓」と記された墓石があり、左手に、「川田晴久の芸の跡」と題された墓誌があり、詳細なその芸の歴史が刻まれています。その文面を追っていくと、戦後のまだ娯楽の少なかった少年時代、ラジオから流れた川田のメロディーや芸が、懐かしく甦ってきました。懐かしいその冒頭の一節を見てみます。

地球の上に朝が来る　その裏側は夜だろう
西の国ならヨーロッパ　東の国は東洋の
富士と筑波の間《あい》に流るる隅田川
芝で生まれて神田で育ち
いまじゃ浅草名物で　ギター鳴らして歌うたい（以下略）

川田晴久は一九〇七（明治四十）年生まれ。一九三七（昭和十二）年「あきれたぼういず」を結成、以降坊屋三郎、益田喜頓らと組み、人気を博し、レビュー界に新生面を開きました。浪曲やジャズやオペラまでを取り込んだ独自の川田の漫談は、パロディーとしても新鮮で多くの人びとを魅《ひ》き付けました。その後結成した「ミルクブラザース」の「地球の上に朝が来る」の川田メロディーは、川田のオープニングテーマとして広く親しまれました。

かくてギター漫談の川田の名は一層高まり、エノケン、ロッパ、エンタツ、アチャコらの著名な芸人たちと肩を並べるようになりました。

映画での活躍も目覚しく、一九三九（昭和十四）年には古川ロッパ主演の『ロッパの大久保彦左衛門』にグループで出演、一九四〇年の『ハモニカ小僧』では主演を務め、一九四一年には『昨日消えた男』で当時の大スター長谷川一夫との競演を果たしました。

しかし、一九四二（昭和十七）年、脊椎カリエスと腎臓結核のため入院、療養生活に入り、ミルクブラザースは解散します。かくて太平洋戦争の間はほぼ療養生活が続きました。

この頃は国家総動員体制が樹立され、太平洋戦争が開戦し、軍事体制一色になりました。ディック・ミネのところでも書いたように、芸能活動にもさまざまな制約や介入がなされました。川田にとって闘病は無念の事態ではありましたが、ある意味では療養に専念できたといえるかもしれません。

太平洋戦争が終わり、川田は闘病の傍ら復帰を果たしますが、当時の古川ロッパの日記には、「今日も大満員。楽屋へ入ると、川田義雄（晴久）が、脊髄《ママ》カリエスを押して出ているのが大分悪いらしく、八度五分の熱でフウフウ言って、気の毒」（昭和二十年九月二十九日）という記述が見られます。

川田の芸に対する執念ともいうべきものを見ることができます。

そして戦後は、「川田晴久とダイナブラザーズ」を結成して再び活躍しましたが、あの美空ひばりに大きな影響を与え、その師匠としてひばりに慕われました。ひばりの「育ての親」といわれています。一九五〇（昭和二十五）年には、ひばりとともに二ヵ月に及ぶハワイ・アメリカ公演旅行を行っています。ひばりとは『東京キッド』『ひばり姫初夢道中』、嵐寛寿郎主演の『鞍馬天狗』など多くの映画でも共演をしています。

川田は舞台のほか、映画、ラジオの出演、そして地方巡業などでも幅広く活躍し、大衆の圧倒的な支持を集めました。先の「地球の上に朝が来るぅ～その裏側は夜だろう～」の名フレーズをご記憶の方も少なくないことでしょう。

また交友関係も広く、その親交の相手を辿っていくと、柳家金語楼、花菱アチャコ、伴淳三郎、田端義夫、堺駿二、清川虹子など、錚々《そうそう》たる顔触れに出会います。

一九五六（昭和三十一）年、映画の撮影中に倒れ、療養しながら病床でラジオドラマ「遠山の金さん」の収録をするなど仕事を続けましたが、翌年六月腎臓結核に尿毒症を併発し、まだ働き盛りの五十歳で、その生涯を閉じました。

作家吉村平吉は、川田の芸についてこう回顧しています。

「川田はボードビリアンとしては天才的でしたね。特に、時代を敏感にキャッチする感覚、センスがね。戦後もっと長生きしていれば、現在の評価はもっとずっと高くなってたと思うね」（『川田晴久読本』）

また、今日の時代状況に照らし合わせて、川田の芸を語る人も居ます。ノンフィクション・ライターの吉田司はかつてこう書いています。

「いま我々も、未曾有の大不況と極東動乱の気配のなかで、日々胸騒ぎを覚えながら暮らしている。昭和一〇年代というほどではないまでも、出口の見えないトンネルにどんどん入り込もうとしている感覚は、当時と似たものがあるだろう。

だからだろうか、川田晴久の声が心にしみるのだ。ふざけ散らすパロディの連鎖の奥に、彼の叫びだしたいような〈幸福への希求〉が感じられはしないだろうか？

いま、川田晴久が再び注目を集めているのは、そんな我々の絶望と渇望が彼の声を呼んでいるからではないか、そう思えてならないのである」（前掲書）

こうした川田の芸への高い評価、そしてその早世を惜しむ声は少なくありません。

大辻司郎と川田晴久、生まれは十年ほど違いますが、ともに昭和の大衆芸能の開拓者として記憶されるべき人物といえます。一人は飛行機事故で、一人は闘病の末、まだ五十代という働き盛りでその生を閉じた二人が、いま同じこの霊園の近いところで眠っています。

川田晴久の墓からすぐ近く、西寄りに道を一つ隔てたところには、先にふれたディック・ミネの墓があります。

大辻と川田、そしてこのディック・ミネや徳川夢声、そのほかの作曲家や作詞家などを含めて、この霊園はまさに昭和芸能史の宝庫でもあります。それぞれの墓は、ゆっくり散策を楽しみながら訪ねることのできる範囲にあります。その散策は、あの懐かしい時代にタイムスリップする豊かな時間を提供してくれるものとなります。

子供の宇宙

――巌谷小波と倉橋惣三

「桃太郎」や「花咲爺」など、いまも子供たちに広く親しまれている昔話を再生させ、グリム童話などを日本に紹介した人物が、この霊園に眠っています。それが日本の児童文学の基礎を作ったといわれる巌谷《いわや》小波《さざなみ》です。ここではその巌谷と、日本の幼児教育の父、日本のフレーベルといわれる倉橋惣三、この二人を訪ねます。

尾崎紅葉の代表作の一つに、『金色夜叉』があります。その主人公、間貫一のモデルが巌谷小波であるとも言われています。金銭のため、許婚のお宮を奪われた貫一のセリフ「いいか、宮さん、一月の十七日だ。来年の今月今夜になったならば、僕の涙で必ず月は曇らせて見せるから……」は、映画や舞台や歌で有名になりました。お伽噺《とぎばなし》や童話の父として全国の子供たちに慕われた巌谷に、そんな青春もあったのかと思うとき、巌谷という人物に深い興味を覚えました。

小波の墓は広い墓域の入り口から踏石が敷かれ、正面に頂上を半円形にした黒御影の墓碑が建ち、「小波巌谷季雄一族墓」と刻まれています。左手の墓誌に、「巌谷季雄　昭和八年九月五日　六十四才」をはじめ一族の名前などが記されています。墓碑は大きいものですが、業績や経歴などの墓誌もなく、全体としてシンプルな感じです。これがあの全国の子供たちを熱狂させた大作家の墓かと、思わず立ち止まりました。

小波は一八七〇（明治三）年東京生まれ、周囲の勧めに従って医学予備校に入りますが、どうしても医者になる気になれず、反対を押し切って同校を退学し、文学を志します。一八八七年尾崎紅葉、山田美妙らの硯友社の同人となり、漣山人の名で小説を書き始めます。

そして、一八九〇（明治二十三）年、当時新興の大出版社であった博文館から新しく発刊する「少年文学」執筆を求められ、それを引き受けました。その翌年、博文館の「少年文学叢書」第一編として書いた『こがね丸』が、児童文学の新生面を拓くものとして高く評価され、児童文学に転進します。

その後「少年世界」「少女世界」「幼年画報」「幼年世界」などの雑誌や叢書を刊行し、自身も精力的に執筆しました。また、『日本お伽噺』『世界お伽噺』などのシリーズを刊行し、その中で「桃太郎」「花咲爺」などを発掘、再生させました。また、アンデルセンやグリム童話などを日本に初めて紹介し、多くの子供たちの支持を集めました。

一九〇〇（明治三十三）年から二年間、ドイツのベルリン大学付属東洋語学校講師に招かれ、ドイツに留学、そこで、西欧の歴史、文化、風俗、教育などについて、見聞を深めました。世界で初めて幼稚園を創設し、幼児教育の父とも言われたフレーベルを記念して作られたフレーベル会の幼稚園を視察し、感銘を受けています。

余談ですが、ドイツ滞在中に、留学中病に倒れた滝廉太郎を見舞ったり、また帰国の途中の船に、ロンドンから美濃部達吉、ポートサイドから渋沢栄一、インドからは岡倉覚三（天心）らが乗船してきて、快適な船旅を楽しんだといいます。当時の日本人の国際交流の一端を見ることができる、興味深い話です。

小波はその多彩な執筆活動、編集活動と合わせて、童話の口演活動を全国で展開していきました。一方で作詞も手がけ、文部省唱歌「ふじの山」や、「一寸法師」の作詞者としても知られています。いずれも文部省唱歌として、小学校の教科書に掲載されています。

ふじの山

あたまを雲の上に出し、
四方の山を見おろして、
かみなりさまを下に聞く、
富士は日本一の山。（以下略）

小波について大町桂月は「小波は、文壇に一種の別天地を開きたるなり。今日、満天下の少年、苟《いやし》くもいろはを知るものは、小波の作を読まざるものなし。皆慕って巌谷のおじさんという。げに、小波は、少年国の王様なり」と言っています。

小波は、『桃太郎主義の教育』の中で自身の児童観、教育観について次のように書いています。

「大方の人たちは、子供を育てるのに大人を以てし、せっかくの無邪気な子供を、はやく大人にしてしまおうとする。（中略）子供が真に丈夫ならば、どうしてそうそう大人の通り行儀よくしていられるものではない。その元気はつらつたるところ、忽《たちま》ち腕白となり、いたずらとなり、あばれとなる。これが蓋《けだ》し子供らしいところだ。然るにこの天性を抑えて、しいて大人らしくさせてしまおうというのは、真珠の光を漆で塗った、下手な蒔絵をするようなものだ。馬鹿馬鹿しいことだ」

なるほど、「真珠の光を漆で塗った、下手な蒔絵」とはうまい表現です。この鋭い言葉に、当時の児童観、世相に対する小波の厳しい批判の目を見ることができます。

しかし、やがて時代はお伽噺中心から新しい児童文学の時代へと移りつつありました。小波の活動も、創作から口演旅行へとシフトしていきました。

一九三三（昭和八）年六月、小波は中国地方の口演旅行中に腸閉塞を起こして倒れました。開腹手術の結果、直腸がんと判明しましたが、すでにがんはあちこちに転移していました。その最期の様子を、四男の大四（文芸評論家）は次のように書いています。

「二十八日頃から全身衰弱がはじまった。小波はその頃、もう脳の中枢神経をおかされていたらしく、言語も不鮮明になっていた。それでもしきりに苦痛を訴えるので、家族のものが交替で身体をもんだり、足をさすったりした。もうこれ以上やせられないと思うほど小波の身体はしぼんでしまっていた。八月三十一日、各新聞に大きく〈危篤〉と報じられた。その翌日、秩父宮、高松宮両殿下から見舞いの大きな果物籠が届けられた。勇子がその中のアレキサンドリアの一粒を、皮をむいて、小波の口に含ませた。小波の、くぼんだ両方の眼から、涙が一筋、二筋あふれ出た。九月三日から完全な昏睡状態に陥った。（中略）五日、午前八時二十四分、小波は、ホッと最後の息を吐いて、穏やかに、永遠の眠りについた。六十四歳であった。

〈重く散って軽く掃かるゝ一葉かな

極楽の乗り物や是桐一葉

大不孝者を父として皆よくもよくも孝行つくしてくれた　深くかんしゃして天国へ行く　云いたい事山々なれど　只此上は皆仲よく　あとをにぎわしてくれ

何事もあなたまかせの秋の風〉

そんな走り書きの遺書が枕元に残っていた」

また、別紙に、「財産とてはなし、たゞ名のみ残すべし」とあった（『波の跫音——巌谷小波伝』）。

小波の葬儀は東京の青山会館で行われましたが、会葬者は三千人を超え、少年少女の制服姿が多く見られたといいます。日本の児童文学の開拓者・巌谷小波に相応しい葬儀となりました。

巌谷小波に続いて、わが国幼児教育の父、日本のフレーベルと呼ばれ、児童教育に生涯を捧げた倉橋惣三の墓を訪ねます。

その墓は、小波の墓から大廻り西通りを正門に向かって迂回して進み、歩いて六分ほどのところにありました。

倉橋の墓の正面には、「倉橋家之墓」と刻された墓碑があり、その右手にある墓誌には次のような言葉が記されています。

自ら育つものを
育たせようとする心
それが育ての心である
世にこんな楽しい心が
あろうか

「育ての心」より

このフレーズは、倉橋の著『育ての心』の中の一節で、子供の自主性を尊重した倉橋の実践の基本となった言葉です。

倉橋は一八八二（明治十五）年静岡県生まれ、東京へ出て東京府尋常中学校（後の東京府立一中）から第一高等学校に進みます。この一高時代に内村鑑三に傾倒し、内村の主宰する角筈聖書研究会に熱心に通い、内村から強い影響を受けます。

一九〇六（明治三十九）年東京大学文学部を卒業、その後東京女子師範学校（現お茶の水女子大学）で講師、教授を務めます。その間フレーベル会の機関紙「婦人と子ども」の編集に携わり、また付属幼稚園主事として幼児教育の研究と実践に尽力しました。

倉橋は、子供の自発性を尊重し、教師にはそれを誘導し、援助することが尊重されなければならないと主張し、「誘導保育」を主導しました。そこには、世界で初めての幼稚園開設者として知られ、子供の生活、作業、遊戯など、その内発的活動を重視するフレーベルの影響がありました。

欧米留学後、「コドモノクニ」の編集、人形芝居、紙芝居の研究などにもかかわり、幼児教育の実践と研究に多くの成果を遺しました。「幼児教育の父」「日本のフレーベル」と呼ばれる所以です。

因《ちな》みに、先の墓誌の「育ての心」フレーズのあとには、「それは明るい世界である。温かい世界である。育つものと育てるものとが、互いの結びつきに於いて相楽しんでいる心である。」という言葉が続いています。

なかなか示唆に富む言葉です。その著『育ての心』から倉橋の言葉をもう少し見てみます。

「育ての心。そこには何の強要もない。無理もない。育つものの偉《おお》きな力を信頼し、敬重して、その発達の途に遵《したが》うて発達を遂げしめようとする。役目でもなく、義務でもなく、誰の心にも動く真情である」

このあたりの言葉は、どこか先の巌谷小波の言葉と重なり合うところがあるように思います。

「それにしても、育ての心は相手を育てるばかりではない。それによって自分も育てられてゆくのである。わが子を育てて自ら育つ親、子等の心を育てて自らの心も育つ教育者。育ての心は子どものためばかりではない。親と教育者とを育てる心である」

「幼児たちの顔、なんという涼しさだろう。此の日中を駆け歩き飛び回り、遊びつづけていながら、何という涼しさだろう。焦らない心は涼しい。もだえない心は涼しい。鬱積せる愚痴、追いまわす欲念、密閉せる我執、塗り上げる虚飾。思っただけでも蒸し暑いが、それが幼児にはない。

(中略)

それにしても、なんという暑苦しいわれらの顔」

「仏心は慈悲。慈悲は先ずゆるす心である。その大きなゆるしの前には、多分善もなし悪もなし、ただすべてに対する無差別ののいたわりだけがあるのであろう。(中略)

仏心の宏大無辺に較ぶべくもないが、童心がこれと似た幸福を私たちに与えて呉れる。しかも、仏心は余りに崇高で、時に私たちの方から近づき兼ねる事があったりするが、童心にはそういうところもない。

そこには、ゆるされるとも識らずにゆるされる心易さがある。抱かれるよりも抱いてやる親しさがある。誰でもの心が直ぐ本然の無我に帰らされずにいない」

ついつい引用が長くなってしまいました。幼児教育のための言葉として引用しつつ、実はそこにあくせくしたこの時代に生きる現代人たちにとっても示唆的な言葉が並んでいると思えたからでした。

その著書を読み進むにつけ、倉橋を単に幼児教育の父という枠に閉じ込めてしまうのは惜しいと感じたのでした。また、『育ての心』は、今ではもう古典的な作品となっていますが、単なる育児の書に留まらず、もっと幅広い人たちに手にとってほしいものと思いました。

霊園の散策には、こんな発見と出会いもあるのです。

晩年の倉橋は健康がすぐれない日を送っていましたが、一九五五（昭和三十）年四月二十一日、東京中野の自宅で脳血栓で倒れ、そのまま七十二年の生涯を閉じました。葬儀は東京の青山斎場で行われ、幼児教育の関係者など数千人の参列者があったといいます。

なお倉橋の墓の周辺を歩くとき、墓碑に大きく刻まれた「安堵」「穏」「泰」「清心」「静」などの文字が目にとまりました。その文字は先に見た倉橋の言葉とどこか響きあうところがあるようにも思えました。

また、巌谷の墓の周辺と、そこから倉橋の墓へと辿《たど》る道の周辺には、作家の田山花袋、歌人の前田夕暮、作家で評論家の内田魯庵や作家の堀辰雄夫妻、徳富蘇峰、直木三十五らの墓や記念碑もあり、それらの墓を訪ねながらの小さな文学散歩もお勧めです。

仏教の心、東洋の心
——中村元と宇井伯壽

こうして霊園を散策する楽しみの一つに、いい人との出会い、いい言葉との出会いがあります。インド哲学の碩学《せきがく》、中村元の墓に出会ったのも、懐かしくまた感動的なものでした。そこには、次のようなブッダの言葉が刻されていました。

慈しみ

一切の生きとし生けるものは
幸福であれ安穏であれ安楽であれ
一切の生きとし生けるものは幸であれ
何びとも他人を欺いてはならない
たといどこにあっても
他人を軽んじてはならない
互いに他人に苦痛を与えることを
望んではならない

中村元の墓誌

この慈しみの心づかいをしっかりとたもて

中村元譯
中村洛子書

この言葉は、インド哲学、仏教思想研究者としての中村元の、長年の研究の中からとくに厳選された言葉であろうと思われます。

この言葉に関して、中村はほかのところでこう語っています。

「この世に生を享《う》けた者であるからには、お互いに幸せに暮らすように、と願うのは、人びとの真実の心情でしょう。〈われも人の子、かれも人の子〉という思いをもって人びとが進んでいくならば、人びとが争うということもなくなるでありましょう」（『仏典のことば』）

その中村元は一九一二（大正一）年島根県松江市に生まれ、東京大学でインド哲学を専攻し、同大教授を務めます。インド哲学、仏教思想史の研究で大きな成果を遺し、一九五七（昭和三十二）年には『初期ヴェーダーンタ哲学史』で学士院恩賜賞を受けるなど、その研究は国際的にも高く評価されています。その後東方学院を設立し、若い研究者の研究と発表の場を提供するとともに、一般人にも開放し、その知的な要求に応える場ともなりました。

また、一般向けの著書やテレビの教養番組の出演などを通じて、難解で奥の深い学問をできるだけ平易に語るという姿勢は、その人柄とともに広く親しまれました。

専門の分野にのみならず、東洋思想や日本思想、そして現代人の心の問題などについて広く発言し、多くの著作を遺し、一九七七（昭和五十二）年には文化勲章を受章しています。

中村は生涯にわたって研究と著作に取り組みました。そこには、老いてもなお、一研究者として新しい進路を開くべきだという強い信念がありました。「老人になったら、引退して、悠々自適、後進を育成して……と言われるが、私はそのようには思わない。老人が真っ先に立って新しい学問を開拓する必要がある」と語っています。

「生涯一研究者」を通した中村でしたが、二十一世紀を目前にした一九九九（平成十一）年十月、急性腎不全のため、東京杉並の自宅で死去しました。享年八十六歳、文字通り二十世紀を生き抜いた「知の巨人」といっていいでしょう。

その墓域はそれほど広くはありませんが、正面に先のブッダの言葉を刻んだ大きな碑が建ち、右手に三基の墓石が建てられ、真ん中に「中村家之墓」と刻された墓石が、その右には「安らかにここに眠る」と書かれた墓碑が立っています。

そのブッダの言葉には、先にみたように「慈しみ」という言葉の深い意味が語られています。それは、いま、私たちが生きているこの時代が失いつつある大切なことを語りかけているようにも思います。

人びとは、こうした言葉を、大切にしてきました。ほかにもこの霊園の墓石に大きく刻まれた言葉の中に、「慈」という言葉を刻んだ墓碑が、実に四十一基もありました。「慈愛」が八基ありました。あらためてそのことの意味と重さを実感した次第でした。

さらに中村は、この「慈しみ」ということから、教育やいじめの問題にも言及しています。

「最近顕著になって急に世間で論議されるようになった現象に、〈いじめ〉という一連の事件があります。これは獣たちの仲間ではよく見かける事実です。何かの理由で仲間がよってたかって仲間の一頭をなぶり殺し、はては食べてしまいます。しかし人間は自分のことを自覚し、他の人間に対して、同情心をもち、共感して行動するようになってから、こういう現象は見られなくなりました。（中略）最近学校で〈いじめ〉の現象が見られ、大きな社会問題になっているのは、〈人として生きる〉という教育がなされなくなって、風潮が〈獣〉的になったからです。（中略）戦後の思想界、教育界では、人間が〈獣〉以下になるような言論がはばをきかしてきました。それならば、こどもたちが〈獣〉以下になるのは当然でしょう。最近の教育論議を見ると、教育制度だの学級編成だとか、訓育方法とか、枝葉末節ばかり論じています。問題は精神です。精神が腐っているようなところでは、外面的な機構をいくらいじってみてもダメです」（『仏典のことば』）

中村はこれに続いてマスコミのあり方や企業倫理の問題にまでふれていますが、あらためて「慈悲」「奉仕」「心」の重要性を強調しています。この言葉が語られたのはすでに二十年以上も前のことですが、〈いじめ〉の問題が大きな社会問題となっている現代、それは大きな説得力を持っているように思います。

私事に亘りますが、かつて拙著（『こころの出家』）が縁で、比叡山延暦寺に講演で招《よ》ばれたことがありました。そのときに、「一隅を照らす」という最澄の言葉に出会いました。帰ってから中村元の著作を紐解いていたとき、やはりこの言葉に出会いました。中村は最澄の、「一隅を照らす、此れ即ち国宝なり」（一隅を照らす者、かれこそは国の宝である）について、こう解説しています。

「私たちはともすれば、自分のやっている仕事が何になるだろうと悩む。自分がいてもいなくても世の中はなんら変わらないだろうと、自分の存在意義に疑問をいだき、生きていてもしかたないのではないかと思う。〈中略〉しかし、人に認められることなど期待せずに、ひたすら道にはげみ、一隅を照らすような気持で努力することこそ真に貴い、と最澄は教えているのである」

（『仏教のことば　生きる智慧』）

これもまた、現代に生きる深い言葉であると思います。

そこに、目立たなくとも、凡庸でも、欠点があろうとも、それでいいのだ、そんな自分をそれぞれが大切に生き切ることこそ肝要なことなのだ、そんな励ましを汲み取ることができるように思います。

中村はこうした仏教の言葉の深い意味を、今日私たちが直面する課題を踏まえつつ、自分の言葉でなるべく平易に語ろうと努めています。

私がＮＨＫで番組制作に携わっていた頃、中村氏に何回か出演を依頼し、会ったことがあります。

そして、その穏やかな人柄と奥の深い学殖に深く感動した記憶があります。言葉は静かで控え目でも、その語られるところは実に深くて重いものがありました。

中村元の墓に出会い、この仏陀の言葉に出会って、言い知れぬ懐かしさと感動を覚えました。この仏陀の言葉はまさに中村元という人そのものだという感じさえしました。

深い感懐に浸りながら、この日はこれ以上の散策を止めにしました。帰宅して中村の著作をあらためて開いたことはいうまでもありません。

因《ちな》みに、東洋の心を語ったこの中村元の墓から少し南に下ったところには、あのキリスト教思想家内村鑑三の墓があります。東洋と西洋、さまざまな知性や碩学に出会い、思索を深めるのもまたこの散策の楽しみの一つです。

その中村元の師に当たるのがインド哲学者、仏教学者で、現代における仏教研究の基礎を築いた宇井伯壽です。

宇井伯壽の墓は、霊園の正門から北西に延びる「みたま堂・壁墓地通り」を四百メートルほど進んだところにあります。それは中村元の墓から歩いて凡《およ》そ六分という位置にあり、そこから少し足を延ばすと徳富蘇峰の墓を訪ねることができます。

玉砂利が敷き詰められた墓域の正面に、「宇井家之墓」と刻された墓碑があり、その右手に赤い実をつけた小さなナンテンの木が、寄り添うように立っていました。墓碑の裏面には、「東漸三十四世活翁伯壽大和尚」という文字を読むことができます。それは清貧で高潔な碩学らしい、簡素で静かなたたずまいを見せていました。

宇井は一八八二（明治十五）年愛知県の農家に生まれました。十二歳で郷里の曹洞宗東漸寺で仏門に入りました。旧制京北中学校を経て東京大学インド哲学科に入学、高楠順次郎に師事します。

卒業後、曹洞宗大学（現駒澤大学）などで講師を務めます。一九一三（大正二）年ドイツのチュービンゲン大学に留学、ガルベ教授に師事しますが、第一次世界大戦が勃発し、イギリスに逃れ、オックスフォード大学、ケンブリッジ大学で研究をつづけます。

このイギリス滞在中にまとめられ、ロンドンの王立アジア協会から出版された『勝宗十句義論』の英訳は、国際的な学者としての名声を高めたものといわれています。

帰国後、東北大学教授を経て一九三〇（昭和五）年より東京大学教授を務めます。この間十二年間、宗門の命で曹洞宗東漸寺の第三十四代住職も兼務しています。一九四一（昭和十六）年には曹洞宗本庁より駒澤大学学長に任命され、傍ら慶應、早稲田、学習院の各大学でも教鞭をとりました。

この間、インド哲学史や仏教史の研究に多くの業績を遺すとともに、後進の育成にも努めました。弟子の中に中村元などがいます。

宇井の業績は日本におけるインド哲学の研究を、世界的な水準に、ある面では欧米諸国よりもはるかに高度のものに高めたことです。『インド哲学研究』全六巻、『支那仏教史』『禅宗史研究』『仏教汎論』全二巻、『日本仏教史』など多くの著作を遺《のこ》しています。

世界的な碩学と評価されつつ、しかしあくまでも謙虚で、声高に自らを語るところのない控えめな人柄であったようで、そのことは自身の研究の回顧について語られた文章の冒頭の次のような言葉にも見ることができます。

「筆者には仰々しく披露するほどの学的生活があるのではなく、又、私生活の如きものを述べるのを好まないから、明治以降、現代に至るまでの仏教研究の一般の変遷発達の一側面を、見聞に基づきつつ、思い出のままに記すことにして、それで、仏教の一般学者の研究の回顧となするつもりである」（『インド哲学から仏教へ』）

そのことは、宇井の薫陶を受けた中村元の次のような回想にも語られています。

「学問的には非常に厳格な先生であったが、私たち門弟に対しては思いやり深く、その願いは何でも快く引き受けてくださった。だから門弟の方でも、先生の好意に甘えてご迷惑になることのないよう、あらかじめいろいろ相談してお願いしたものだった。

ただ、フラッシュを浴びて表に立つようなことは好まれなかった。ラジオに出られたこともないし、昭和二十八年に文化勲章を受けられた時にもテレビに姿を現されなかった。学士院会員はじめ国家的な栄誉を数々受けられたが、大がかりな祝賀会はすべて辞退された。明治の人によくみられる強い正義感、道徳観、特に責任感が、先生の場合には一身にみなぎっていたようで、思わずえりを正すことがあった」（『私の履歴書　知の越境者』）

いかにも明治の学者らしい風格と、温かくそしてスケールの大きい人物像が浮かんできます。

ただ、学問一筋で無趣味の人物であったかというと、必ずしもそうではなく、和歌や落語や川柳にも興味を持ち、菊作りに精出した時期もあったといいます。
一九六三（昭和三十八）年、鎌倉の自宅で狭心症で倒れ、そのまま八十一年の生涯を閉じましたが、そのほぼ三週間前に、『大乗仏典の研究』という大著が刊行されるという、まさに充足の学者人生であったといえます。
逝去の四日前に宇井を訪ねた中村元は、そのときの様子を次のように書いていています。
「少しく御不例の由を耳にしておたずねしたのは、ご逝去のわずか四日前のことであるが、床にふせりながらも楽しそうに話しておられた。ただ先生は自身では死期の迫って来るのを気づいておられたらしい。〈もうだめだね〉と一言もらされた。
わたくしはギクリとしたが、しかしそれは深刻な響きをもたず、淡々とした心境であられ、話はすぐに学問の方に向いて行く。（中略）
齢八十を越えてなお衰えを見せぬ学問研究への強い意欲と、何の執着もなく自分の死に対するあっさりとした心持――この両者が、臨終に近い先生の人格のうちに、何の矛盾もなく素直にはたらいていたのである。東洋の聖者の理想が現実の人間のうちに具現されているすがたを、まざまざとこの目で知るを得た」（『朝日新聞』一九六三年七月十六日）
最期まで学問という自身の仕事への愛着を失わず、しかし悠然と自身の死を受け止めて逝ったその姿には、深い感動を誘うものがあります。宇井の生きた姿と学問への真摯な姿勢を見るとき、中村が「東洋の聖者の理想の具現」と語った言葉には深く共感させられるものがあります。

宇井伯壽と中村元の墓を相次いで訪ねながら、二人の碩学の業績、人柄、そしてその深いつながりに思いを馳《は》せるのも、充足のひと時になります。そしてその著作をあらためて読み直してみると、そこには、以前気づかなかった新しい発見があるように思います。

それは、この混沌とした時代、立ち止まって自分を振り返ってみる、そうした契機ともなるのではないでしょうか。

第四章　奔流の中で

西園寺公望（左）と高橋是清（右）の墓

総理の器

――西園寺公望と高橋是清

この霊園には多くの政治家の墓がありますが、「東京都多磨霊園案内」によると首相を務めた人が八人もいます。その八人の中で半数の四人が軍人出身です。そのこと自体、この国の歩んできた歴史を物語っているように思います。

その中で、ここでは立憲政治を推進し、政党政治家として時に軍部と対立するなど、波乱の時代を生きた二人を取り上げます。

その一人、西園寺公望の墓は霊園正門から程近い名誉霊域通りにありますが、この辺りは背の高い松やヒノキなどの植栽に囲まれ、ひときわ静謐《せいひつ》な雰囲気を漂わせています。墓域は低層の石塀に囲まれ、正面に鳥居があり、その向こうに「西園寺家墓」の墓碑があります。鳥居をくぐって左折したところに灯籠が二基ずつ建てられ、その向こうに「西園寺公望墓」と刻された墓碑があります。その裏には、「昭和一五年一一月二四日薨」と書かれていますが、そのほか事跡などを記した墓誌も何もない簡素なたたずまいを見せています。

西園寺公望は一八四九（嘉永二）年、京都生まれ。あの戊辰戦争に山陰道鎮撫総督、会津征討越後口大参謀として参戦した経歴もあります。その後フランスに留学し法律を学びます。自由思想の影響を受け、帰国後は留学中の友人中江兆民らとともに一八八一（明治十四）年「東洋自由新聞」を発刊し、社長として自由思想の普及に努めますが、勅命により廃刊となります。

その後伊藤博文に出会い、認められ、伊藤の憲法調査会に随行し訪欧、オーストリア、ドイツ、ベルギーの公使、伊藤内閣の文相などを務めたあと、一九〇三年に立憲政友会総裁に就任、一九〇六（明治三十九）年に第一次西園寺内閣を組織、首相となります。第二次内閣では陸軍増設問題で軍部と対立し、総辞職しています。

その後は元老として、内閣交代時に天皇に後継首相を推薦する大任に当たり、原敬を首班に推薦するなど、立憲政治、政党内閣制の発展に尽力しました。昭和前期の殆《ほとん》どの総理大臣が西園寺の推薦によって決められたということです。今ではなかなか理解しにくいことですが、この時代、実質的に総理大臣の選任にかかわるという、「元老」というシステムが機能し、西園寺は隠然たる影響力を持っていたのでした。

半藤一利は、元老西園寺の威光についてこんな話を紹介しています。

「何かあって内閣が倒壊し、次は誰かという時には、西園寺さんが住む静岡県興津の駅前旅館に、新聞記者らが殺到するほど権威があり、いわゆる〈興津詣《もう》で〉でこの旅館が大いに繁昌したという逸話も残っています」（『昭和史』）

岩井忠熊は、西園寺は政治家としての派手さはなかったが、時流に流されない透徹した目と、冷静さを持つ教養人であった、西園寺は政治家である前に一人の読書人であった、このような確固とした自分の世界をもっていたからこそ、西園寺は時流に流されなかったといえるであろう、と書いています（『西園寺公望　最期の元老』）。

西園寺は文人好みで、森鷗外や幸田露伴らを招いて「雨声会」という歓談の会を催すなど、幅広い交友関係でも知られ、文人宰相と呼ばれたりしました。

しかし、一方ではまた、そうした公家出身の教養人西園寺の生き方に、激動の時代を担う政治家としての限界を指摘する声もあります。

晩年は静岡県興津の「座漁荘」で過ごしつつも、「最後の元老」として政界に影響力を持ちましたが、一九四〇（昭和十五）年初め、風邪をこじらせたあと腎盂炎《じんうえん》を発症しました。主治医の勝沼精蔵によると、「病気になられて、国事について私にまでいろんなことを言われたのは、今度が初めてだ。どうも内外の政情に対する心配が、非常に公爵の身体に利いているようだ。〈どうも新体制とか言って、国が二つ出来るようなことじゃあ困る〉とか、〈外交もどうもこれじゃあ困る〉とか、いろんなことを独りで言っておられた」ということです（岩井忠熊、前掲書）。

その後病状は進み、同年十一月二十四日、入院先の病院で亡くなりました。享年九十一歳でした。葬儀は日比谷公園で国葬として執り行われ、当時の総理大臣近衛文麿が葬儀委員長を務めました。

西園寺は次のような遺書を書き遺《のこ》しています。

一、デスマスク並びに死顔の写真は絶体《ママ》写すべからず。

二、我が伝記編纂すべからず、する者有らば一切断る事。並びに銅像彫刻等も同じ。

三、私書並びに報告類等総べて焼却し終れり。
四、一切の書物並びに印・硯・骨董の類《たぐい》は公一と相談の事。但《ただ》し急に処分すべからず。よくよく取調の上処分すべし。

いかにも西園寺らしい謙虚さを偲《しの》ばせる内容であり、逝き方であるように思います。

西園寺が逝去したのは、大政翼賛会が発会し、紀元二千六百年の祝賀行事が挙行された直後のことでした。日本書紀にある神武天皇の即位から数えた日本の紀元が二千六百年にあたるということを根拠とした国民啓発の一大イベントでしたが、これによって天皇を中心とする国家主義、軍部独裁体制が一層加速されることになりました。

西園寺の墓のすぐ近くに、同じく政友会総裁を務め、首相を務めた、高橋是清の墓があります。高橋は二・二六事件で暗殺されるという劇的な最期を遂げたことで知られていますが、また昭和前期の財政危機に際し、日本経済の回復に辣腕を振るった名蔵相としても知られ、この平成の財政改革が論じられるとき、しばしばその名前が登場する人物でもあります。

高橋の墓は、西園寺の墓から北へ歩いてすぐ近くにあります。墓域の広さも同じくらい広く、周囲は西園寺の墓と同様に低層の石塀で囲まれています。正面の大きな墓碑には「正二位　大勲位　高橋是清墓」と刻され、その左右には一対の灯籠が建てられています。裏面に「昭和十一年二月二十六日薨」と記されています。「二月二十六日」の文字が、あらためて歴史の記憶を呼び覚ましてくれるようでした。

公家出身の西園寺に対し、高橋是清はまったく対照的な出自と育ちを持っています。

一八五四（安政一）年幕府御用絵師の庶子として生まれ、仙台藩足軽高橋是忠の養子となります。十一歳で横浜に出て働きながら英語を学び、一八六七（慶応三）年には藩の留学生として渡米しますが、そこで下僕として売られるなど苦労を重ねました。

帰国後は英語教師や通訳などの仕事を経て、森有礼の書生となり、文部省を経て農商務省に入ります。一八九二（明治二十五）年日銀に入り、やがて日銀副総裁として日露戦争外債募集に活躍し、一九一一（明治四十四）年には日銀総裁となります。その後山本権兵衛内閣の蔵相となり、政友会に入党します。一九二一（大正十）年には原敬首相暗殺のあと、元老西園寺公望は後継首相に高橋を奏薦し、高橋は首相兼蔵相となり、政友会総裁を務めます。その後護憲運動に参加して衆議院に当選しますが、やがて政友会総裁を田中義一に譲って引退します。

しかし、時代は高橋を求めていました。その手腕を買われて、田中義一内閣や犬養毅、斎藤実、岡田啓介内閣の蔵相として積極的な財政投融資政策を推し進め、日本経済の大恐慌からの脱出を図りました。

一九三六（昭和十一）年度予算編成に当たり、軍事費の増額を要求する軍部に対し、国家の健全財政あってこその国防だという主張を貫き、軍部と対立しました。その陸軍の決起部隊によって二・二六事件において赤坂の自邸で暗殺されました。

二・二六事件について詳しく触れる紙幅はありませんが、一九三六(昭和十一)年二月二十六日未明に陸軍皇道派青年将校二十二名が、下士官千四百人余りを率いて決起したクーデター事件です。決起部隊は首相官邸など東京都内の各所を襲撃し、岡田啓介首相はかろうじて難を逃れましたが、内大臣斎藤実、大蔵大臣高橋是清、教育総監(陸軍大将)渡辺錠太郎らを殺害し、永田町一帯を占拠しました。二十七日には戒厳令がしかれ、二十八日には鎮圧されました。

事件は鎮圧されましたが、これによって岡田内閣は倒れ、以降軍部の発言が強化され、ファシズムが一層加速することになります。

有馬頼義の『二・二六事件暗殺の目撃者』によれば、是清の寝室に侵入した叛乱軍の中橋基明(中尉)が「天誅!」と叫ぶと、高橋は「馬鹿者」とどなり返しました。そして拳銃で撃たれたあと、軍刀で惨殺されました。享年八十三歳でした。

高橋の生涯を貫いた信念とはなんだったのか、それを物語る言葉をいくつか見ておきます。

「盛衰朽隆は人世に免れざる数である。順境はいつまでも続くものでなく、逆境も心の持ち方一つにより、転じてこれを順境ならしめることも出来る。境遇の順逆は心の持ちよう一つで、又これによっていかようにも変化させられる」

「元来人がこの世に生を享けた以上、自分のことは自分で処分し、始末すべきである。他人に依頼しその助力を仰ぐのは、自己の死滅と同じであると信じている。故にいかなる困難に逢ったとて、予は他に依頼しその助力を受けようと思ったことがない」

「機会は決して作るべからず。自然と自分の前に来たところの機会を捉えなければならぬ。しからばその機会を捉える準備というのは、どういう事をしておくべきかといえば、それは即ち第一学問がなければならぬ。…大体において学問がなかったならば判断を誤る事がある。…次に見聞を広《ひら》く事である。見聞が狭くては機会を広《ひろ》く捉える事が出来ない。次に品性を高くする事である。…人格がなければ慾の為に奴隷となる。精神が高潔にして、人格が高ければ決して慾の為の奴隷となるような事がない。慾の為に奴隷となれば、折角目の前に来た千載一遇の好機会も、その為に取り逃がしてしまう事になるのである」（以上、『高橋是清　立身の経路』）

これは遺された言葉のほんの一部ですが、それは高橋がその波乱の生涯から学び取った、あるいはその高橋しか語りえない珠玉の言葉といえます。

苦学の末に立身を果たし、暗殺という悲運の最期を遂げた高橋の生涯と、同じように政友会総裁を務め首相を務めながら、晩年にいたるまで「最後の元老」として政界に影響力を持ち続け、静岡の別荘で悠然たる日々を過ごし、九十一歳という長寿を生きた西園寺の生涯とは、あまりにも鮮やかな対照をみせています。

この霊園には、二・二六事件に関与した人たちの墓がほかにもあります。高橋と同じく反乱部隊に殺害された斎藤実内大臣、渡辺錠太郎教育総監、そして難を逃れた岡田啓介首相、首相を救出した迫水久常首相秘書官らも、高橋是清の墓からそれほど遠くない場所に眠っています。

また反乱部隊の第一隊に所属し、首相官邸襲撃の指揮官を務めた林八郎陸軍少尉らは叛乱《はんらん》罪で死刑判決を受け、七月十二日に処刑されましたが、その林の墓も同じこの霊園にあります。

高橋是清の墓から西へ三分半ほどの位置に林（林家）の墓があり、北東へ同じく三分半ほど歩いたところには岡田の墓があります。事件の関係者たちの眠っている場所のあまりもの近さに驚きを禁じ得ませんでした。

また、この多磨霊園の北にある都立小金井公園内の江戸東京たてもの園には、高橋是清の旧邸が保存されています。これは、一時、是清の墓がある多磨霊園に移設されていたのですが、今はこの公園内に保存されています。二・二六事件の舞台となったこの邸宅の前にたたずむ時、この国が歩んできた時代のことが胸のうちを去来します。そして家の中に入り、叛乱部隊の兵士が駆け上がった階段を上り、是清殺害の現場となった二階の寝室に立つとき、深く胸に迫るものがありました。

また、是清が好んで散策した庭園の一部も再現され、一帯は閑静な雰囲気に包まれていますが、あの動乱の時代の歴史の証言者としてのこの場所を訪ねる人も少なくないようです。

時代を先導し、時代に抗《あらが》う

――吉野作造と美濃部達吉

この霊園には、日本近現代を代表する多くの学者、思想家、ジャーナリストたちが眠っています。その何人かについてはすでに触れましたが、ここでは自らの信念に基づき、時代と闘った二人の学者を訪ねてみます。

一人は「民本主義」の主唱者吉野作造、もう一人は「天皇機関説」で知られる美濃部達吉です。大正から昭和という時代を先導し、また時代と闘いつつ、自らの信念に生きた二人が同じくこの霊園に眠っているのです。その墓を訪ね、その生涯や、生きた時代を見つめ直してみるのも、充足のひと時となります。

吉野作造は民本主義を唱えた、大正デモクラシーの指導者として知られています。

吉野の墓はこの霊園のほぼ東の端近くにあります。墓域はやや広く、緑の植栽に囲まれ、石畳を踏んで進むと、正面に「吉野家之墓」と刻された重厚な白御影の墓碑が建っています。墓碑の右側面に「昭和八年三月十六日歿　吉野作造」と刻され、ほかに一族の名前が並んでいます。墓域は意外にシンプルなつくりで、墓誌も事績などが記されたものもありません。すぐ近くには赤松の巨木が聳え、吹き渡る風の音が耳に残りました。

吉野の墓のすぐ近くには内村鑑三の墓もあり、近接する近代思想の巨人二人の墓に出会ったとき、言いようのない深い感懐を覚えました。

吉野は一八七八（明治十一）年宮城県生まれ。大正・昭和を代表する政治学者、思想家として知られています。学生時代キリスト教に入信、一九〇四（明治三十七）年東京帝大政治学科を卒業、大学院を経て一九〇九（明治四十二）年東大助教授となり、その後教授を務め政治史を担当します。本書の別項で述べたように、その頃の学生に後の東大総長矢内原忠雄らがいて、吉野の政治史の講義を熱心に聴講したということです。

一方、論壇でも精力的に活躍し、一九一六（大正五）年一月、「中央公論」誌上に「憲政の本義を説いて其《その》有終の美を済《な》すの途《みち》を論ず」を発表しました。この論文は吉野の主張する「民本主義」の基本となるものでした。

吉野は国民主権にまでは言及していませんが、近代文明の必然的産物である各国憲法の共通の精神を理解し、それを政治の運用に生かすことが重要であること、政治は何よりも民衆のために行われなければならないこと、また政策の終局的決定は民衆の意思によるべきことを主張しています。

そのために普通選挙制と言論の自由を基礎とする政党政治の実現を訴え、軍閥政治などに対する批判を展開しました。吉野の主張は学生や知識人に大きな影響を与え、大正デモクラシーに理論的基礎を与えました。

その後一九二四（大正十三）年朝日新聞論説顧問となりましたが、枢密院批判が問題となり、四ヶ月で辞任しました。また、明治文化研究会を設立し、『明治文化全集』二十四巻を刊行するなど、明治史研究の基礎を築きました。また社会民主党結成に尽力するなど、幅広い分野で精力的に活動し、大きな影響を与えました。

一方、吉野の民本主義には、その限界や問題点を指摘する声もあります。しかし、吉野が民本主義を提唱したことの意義はなお今日的意味を持っているといえます。松本三之介は、「民本主義そのものの限界を指摘することは容易である。しかし吉野が軍閥・官僚の支配下で〈憲政の本義〉を把握し、〈民本主義〉を構想した、その政治的思考と発想とは、今日もなおわれわれに活きた問題を投げかけているのではなかろうか」といっています。

吉野は一九三三（昭和八）年一月、肋膜炎で東京賛育会病院に入院、その後病状は悪化し、湘南サナトリウムに転院しますが、病状は回復せず、そのまま五十五年の生涯を終えました。最期のとき、見舞いに訪れた赤松克麿が、「万一のことがあったときの用意に、何か言い残すことはありませんか」と尋ねると、「わかった。いいたいことは沢山あるが、疲れているからすべて成行きにまかせる」と語ったといいます。

その吉野の遺した言葉に、「人は機会さえ与えられれば何人《なんぴと》でも無限にその能力を発揮するものである」があります。大正デモクラシーの旗手という硬いイメージとは別に、そうした吉野の温かくて柔軟な人柄や思想が、多くの人の支持を集めた背景にあるといっていいでしょう。

また吉野が色紙に好んで書いた言葉に、

路行《みち》かざれば　到らず
事為《ことな》さざれば　成らず

があります。荀子の言葉を下敷きにしていると考えられていますが、まず行動することの重要性を語ったものといえます。

宮城県大崎市古川にある吉野作造の生家跡に設置された書見台には、

人生に逆境はない
どんな場合にも
人と世の為の
盡《つく》しうべき機会が
潤澤に恵まれている

という文字が刻まれています。

気骨の人吉野の、温かい励ましの言葉です。

このあたり、どこかあの高橋是清の言葉と通じるところがあるように思います。

また、吉野作造を記念して創設された「読売・吉野作造賞」があり、毎年その年の政治、経済、社会関連の優れた著作に与えられています。

吉野の墓はこの霊園の東門のすぐ近くにありますが、それから西へ一キロ余り離れた西門の近くに、あの天皇機関説問題で知られる美濃部達吉の墓があります。

美濃部達吉は一八七三（明治六）年兵庫県生まれ。東京帝大卒業後内務省に入りますが、二年で辞めて大学に戻り、比較法制史研究のためドイツ、フランス、イギリスに留学します。

帰国後、東京帝国大学教授を務めますが、一九一二（明治四十五）年、『憲法講話』を著し、天皇機関説と議院内閣制を展開しました。

天皇機関説は、天皇は法人である国家の最高機関であり、統治権は国家にあるとする憲法学説で、ドイツのイェリネックの国家法人説に基づくものです。この美濃部の主張は、天皇を国家統治の主体であるとする上杉慎吉らとの憲法論争を引き起こしましたが、美濃部の説が当時の学会の通説となりました。

美濃部が自身の学説に対していかに真摯に向き合い、攻撃に対して毅然として立ち向かったかを示す一つの例があります。

一九三五（昭和十）年二月、貴族院で菊池武夫議員が天皇機関説を取り上げ、これを非難し、美濃部を「学匪《がくひ》」と決め付けました。これに対して、当時勅任を受け貴族院議員であった美濃部は貴族院で一身上の弁明を行い、これに反論しました。その中で、

「（菊池男爵は）今議会に於きまして再び私の著書を挙げられまして、明白な反逆的思想であると

云われ、謀反人であると云われました。又学匪であるとまで断言せられたのであります。日本臣民に取りまして、反逆者である、謀反人であると言われまするのは侮辱此上もないことと存ずるのであります。又学問を専攻して居ります者に取って、学匪と云われますことは、等しく堪《た》え難い侮辱であると存ずるのであります」（『昭和思想集Ⅱ』）

と述べ、貴族院という公の場で、こういう侮辱が加えられたことは到底看過できないと、毅然として反論しました。そしてこう続けます。

「私は菊池男爵が憲法の学問に付て、どれ程の御造詣があるのかは更に存じない者でありますが、菊池男爵の私の著書に付て論ぜられて居りまする所を速記録に依って拝見いたしまするど、同男爵が果たして私の著書を御通読になったのであるか、仮りに御読みになったと致しましても、それを御理解なされて居るのであるかと云うことを深く疑う者であります」（前掲書）

一九三二（昭和七）年にはすでに五・一五事件がおこり、この天皇機関説が問題化した翌年の一九三六（昭和十一）年には二・二六事件が起こります。そして国家総動員体制の樹立へと時代は急速に突き進み、学問や言論への弾圧が強まる中での、この美濃部の反論は実に気骨あるものであるといえます。

そして美濃部は先の弁明において、問題となった「機関説」について実に詳細に自説を展開した後、その結びのところで次のように述べています。

「私の切に希望いたしまするのは、若し私の学説に付て批評せられまするならば、処々から拾い集めた断片的な片言隻句を捉えて、徒らに誹謗中傷の言を放たれるのではなく、真に私の著書の全体を通読して、前後の脈絡を明かにし、真の意味を理解して然《しか》る後に批評せられたいことであります。これをもって弁明の辞と致します」（前掲書）

いかにも美濃部らしい毅然たる反論です。この弁明演説が新聞に載ると、多くの賛美と感動の反響があったということです。

理想主義的自由主義を唱え、資本主義体制や軍国主義を批判した経済学者河合栄治郎は、美濃部の講義を直接聴講した一人ですが、美濃部に深く共感、敬服し、「帝国大学新聞」に「美濃部問題の批判」を発表し、美濃部擁護・天皇機関説排撃派批判の論陣を張っています（松井慎一郎『河合栄治郎』）。

しかし、一九三五（昭和十）年三月二十三日には、衆議院本会議において「国体明徴に関する決議案」が満場一致で可決されました。「国体明徴」とは天皇機関説排除のため軍部や右翼が起こした政治運動のスローガンとも言うべき言葉ですが、この決議が衆議院で可決されたことによって、言論や学問に対する弾圧は一層激しさを加えることとなります。

そしてファシズムの台頭によって軍部、右翼の攻撃は激しくなり、美濃部は公職を追われ、著書も発禁処分となりました。一九三六（昭和十一）年二月には右翼に狙撃されるという事件も起こりました。美濃部の天皇機関説は完全に封殺されたのです。二・二六事件が起こる直前のことです。

ところで美濃部達吉というと、いかにも謹厳実直、学問一筋の冷徹な人物というイメージがありますが、実像は少し違うようです。

経済学者の大森義太郎は、自分とは理論、政治的立場では先鋭に対立するものであると断りながら、大学で受講した美濃部の講義について、「どうも僕は講義を聴くことは嫌いで、ことにそのころの経済科の講義なんていうのはつまらぬのが多かったんで、さっぱり出席しなかった。考えてみると、（美濃部の）憲法論は僕が大学の三年間にちゃんと出席したごくわずかな講義のうちのひとつのようである」と語りつつ、その人間的な側面や、囲碁将棋、音楽、文学、絵画、相撲、芝居などその趣味の多彩さについて語っています。また横山大観とも親交があり、日本画にも造詣が深かったようです。

学者であり、闘士であり、豊かな趣味人であった美濃部ですが、そうした幅の広さを持ちつつも、自らの信念に関しては、時代に抗してそれを厳として貫きました。しかし戦後の憲法改革では新憲法には一貫して反対論を主張しました。そこに、民衆的視点の不十分さを批判する声もあります。

その美濃部の墓は霊園の西南部、浅間山が迫る位置にあり、砂利が敷きつめられた墓域の正面に、「美濃部氏墓」と刻された大きな墓碑があり、右側に「達吉、昭和二十三年五月二三日歿」と書かれています。

その左手に、達吉の長男・亮吉の墓碑が建っています。

美濃部亮吉は一九〇四（明治三十七）年東京生まれ、法政大学教授、経済学者。一九六七（昭和四十二）年東京都知事に当選、以降三期十二年間都知事として都民参加の都政を重視し、福祉、環境行政に力を注いだことで知られています。法政大学教授時代には人民戦線事件で検挙され、退職に至った経歴もあります。

美濃部亮吉の墓碑には、かの有名な「帰去来の辞」の一節が刻まれています。

帰りなんいざ
田園将《まさ》に蕪《あ》れなんとす
胡《なん》ぞ帰らざる

陶靖節

靖節は陶淵明の諡号《しごう》（贈り名）で、これは「帰去来の辞」の冒頭の一節で、官吏生活を辞して帰郷する心境を詠《よ》んだものです。

美濃部父子の波乱の経歴などを見るとき、この陶淵明の詩に思いを寄せた心情が分かるような気がします。

本稿で取り上げた吉野作造と美濃部達吉の二人に対しては、その民衆側の視点の不十分さを指摘する声もあることは確かですが、しかし、ともに激動の時代に生き、時代を先導し、権力と対峙しつつ、その信念を貫きました。その二人が、いまこの同じ霊園に静かに眠っています。

その墓碑に対面するとき、その波乱の生涯と気骨の生きざまが偲《しの》ばれ、少なからぬ感懐を禁じえませんでした。

二人の連合艦隊司令長官
——東郷平八郎と山本五十六

霊園正門から真っ直ぐ北に延びる広い通りがあります。名誉霊域通りと名づけられたこの通りは五十メートルを超える幅があり、芝生や緑で覆われています。その一画には国家的功労者を埋葬した名誉霊域があります。高い樹々が聳《そび》え、静寂な雰囲気に包まれるこの辺りは、この霊園で最も風致が優れた地域でもあります。

この名誉霊域に最初に埋葬されたのが東郷平八郎です。

東郷家では当初青山墓地に埋葬の予定でしたが、その墓地が手狭であったため東京市からの多磨墓地の名誉霊域を提供したいとの申し出を受け、この地への埋葬が決定しました。

東郷家の墓域は広く静寂な雰囲気を漂わせています。その中央に建てられた墓碑には、「元帥海軍大将侯爵東郷平八郎墓」と刻され、裏面に、「昭和九年五月三十日薨」と記されています。その左手に東郷家累代の墓碑、右手には平八郎の妻テツ子の墓碑が並んでいます。

東郷は、一八四七（弘化四）年、鹿児島県で生まれました。東郷が生まれたところは鹿児島市の下加治屋町で、この地は、かの西郷隆盛や大久保利通など明治維新の立役者たちが生まれたところとしても知られています。そして若い頃戊辰戦争にも参加しています。一八七一（明治四）年には英国

東郷平八郎の墓

に留学、操船術や国際法を学びました。
日清戦争では「浪速」艦長として参戦、日露戦争では連合艦隊司令長官として日本海海戦を指揮、ロシアのバルチック艦隊を破ったことで知られています。この海戦で赫々《かっかく》たる戦果を上げた東郷は、その名声を世界に轟《とどろ》かせました。司馬遼太郎の『坂の上の雲』などで、ご承知の方も少なくないでしょう。
バルチック艦隊を発見し、接近したとき、東郷が乗艦していた旗艦三笠のマストには、「皇国の興廃、この一戦にあり、各員一層奮励努力せよ」という信号旗が掲げられ、東郷の言葉が全将兵を奮起させたことはよく知られています。また、このとき東郷が採った戦法は、相対して進行する両艦隊が急速に接近する中、旗艦三笠が突如敵前で転進し、相手の前面に立ち塞がり、敵艦隊の進路を遮《さえぎ》るという戦法でした。激戦の末、東郷は戦史に残る大勝利を収めるわけですが、これは「T字戦法」とも、「東郷ターン」とも呼ばれ、東郷の名を世界に轟かせました。そして著名なイギリスの大提督ネルソンに因《ちな》んで、東洋のネルソンとも讃えられました。

なお、この日本海海戦には、後述する山本五十六が若き少尉候補生として巡洋艦「日進」に乗り組み、参戦しています。

戦後の東郷は、軍令部長、東宮学問所総裁などを務め、皇太子（昭和天皇）の教育に努めましたが、晩年は海軍の長老として発言力を持ち、ロンドン軍縮条約に反対するなど、影響力を維持しました。そうした東郷の晩節にいたるまでの影響力の大きさに対しては、批判的な見方もあります。

東郷は一九三四（昭和九）年、喉に不具合を感じ、診断の結果喉頭がんと診断されました。もはや手術は不可能ということで、ラジウムによる放射線治療が行われましたが、そのラジウムは日本中の海軍病院や大学病院から集められ、その価格は三十五万円に及んだといいます。今なら凡《およ》そ二億五千万円相当の金額といえます。当時としては最高の医療が尽くされたわけですが、その甲斐もなく、その後東京麴町の自宅で死去しました。享年八十六歳という長寿でした。

自宅の病床にあった東郷の最後の要求は、六年前より神経痛で同じく自宅の別室で床についたままのテツ夫人を一目見舞うことでした。最期のとき、夫人のベッドは隣室の敷居のそばに運ばれ、ふすまが開かれました。横たわったままの二人は、互いに目を見つめあい、無言のうちに永遠《とわ》の別れを告げたということです（『東郷平八郎・元帥の晩年』）。

東郷の死去の報道は世界中に伝えられ、死後は軍神として崇《あが》められ、歴史に名を遺《のこ》しました。東京の日比谷公園で営まれた国葬には英、米、仏、伊、中華民国の五ヶ国が軍艦を派遣し、その儀仗兵が葬列に加わりました。警視庁発表によると、当日の葬列には東郷家から日比谷斎場まで五十九万七千人、斎場周辺七十万人、斎場から東京都下の多磨墓地までの沿道も凡そ五十六万人の人出があったといいます。

東郷の死後、その顕彰のため東郷神社が建立されています。海軍関係者を中心に話が進められ、全国からの募金をもとに、東京の明治神宮の近くに完成したのが、没後六年目のことでした。生前、建立の話を耳にした東郷は、俺を神様にするのかと、反対したそうです。

また、東郷が埋葬されているこの多磨霊園に近い場所には、聖将山東郷寺があります。これは東郷が晩年の晴耕雨読の地にと入手していた土地に建てられたものですが、開山式では当時の横綱双葉山が除幕したといわれています（前掲書）。

緑に囲まれ、春には名物の枝垂桜《しだれざくら》を見に立ち寄る人も多い名刹ですが、東郷平八郎を記念して開基された寺であることを知らない人も少なくないようです。

東郷の偉業を顕彰することはともかく、東郷自身の本意に反してまでも、その神格化が進められたことの背景には、それを推進した軍部などの強い要請があったと考えられます。東郷の死の二年前には五・一五事件が起こり、その死の二年後には二・二六事件が起こっています。その翌年には日中戦争が起こり、一九三八（昭和十三）年国家総動員法成立、一九四〇（昭和十五）年大政翼賛会創立と、日本は国家総動員体制へと急速に突き進んでいきます。

その東郷の墓のすぐ隣にあるのが、山本五十六の墓です。

山本は東郷についで、この名誉霊域の二番目の埋葬者であり、その墓域の広さも墓碑の形や高さも東郷とほぼ同じ大きさです。

中央の墓碑には、「元帥海軍大将山本五十六墓」、裏面に、「昭和一八年四月戦死」と刻まれています。墓碑の文字は葬儀委員長を務めた米内光政大将が書いたものです。その左手に山本家の墓が建ち、その左側の墓誌には、妻禮子、長男義正（存命）、次男忠夫の名前があります。

墓域はかなり広いものですが、いつもきれいに清掃され、墓前には花が絶えません。この辺りを歩くとき、山本の墓でいつも出会う一人の初老の男性がいました。山本の親類縁者でもなく、ただ山本の人間性に惹かれ、奉仕として清掃と献花に通い続けているということでした。

山本五十六の墓

余談ですが、山本の次男忠夫氏とは、かつて同じ職場で仕事をともにしたことがあります。テレビの教養番組の制作という仕事でしたが、そこで忠夫氏の深い知識と教養に敬服したと同時に、その奥の深い人柄に魅せられた記憶があります。趣味や遊びの幅も広く、またグルメぶりも相当なものでした。忠雄氏との付き合いや長男義正氏の五十六に関する著作を通じて、この兄弟を育てた五十六の人柄が偲ばれるような思いでした。

山本五十六は一八八四（明治一七）年新潟県生まれ。海軍兵学校卒。一九〇五（明治三十八）年には、日露戦争の日本海海戦に巡洋艦「日進」の乗員として参戦し、負傷しています。その後ハーバード大学に学び、一九一九（大正八）年からは駐在武官としてワシントンに駐在しました。一九二九（昭和四）年のロンドン軍縮会議にも出席し、一九三六（昭和十一）年には海軍次官となり、米内光政海相を補佐して海軍部内統一と、日独伊三国同盟の締結に反対しました。

長い海外生活の経験を持つ山本は、アメリカの軍事力や国力について熟知しており、日本が独・伊と組んで米・英と戦っても勝ち目がないことを見通していたといいます。海軍次官である山本が三国同盟の強硬な反対論者であることが知れると、新聞やビラや怪文書が撒かれる事態となり、山本の暗殺計画が囁《ささや》かれたりしました。やがて護衛の憲兵がつくようになりました。

しかし山本はそうした事態に決して屈することなく、毅然たる態度を貫きました。そのあたりの事情は、長男義正の『父山本五十六』に詳しく書かれています。

一九三九（昭和十四）年には連合艦隊司令長官となり、太平洋戦争では海軍の総指揮をとりました。山本はその経験からアメリカの国力を知っていたため、日米開戦には反対であったといわれます。

その山本が、連合艦隊司令長官としていわば「現場」へ出された背景について、半藤一利は以下のように書いています。

「昭和十五年秋ごろから、海軍中央〈海軍省と軍令部〉の中堅クラスに、山本五十六の言葉を借りれば、〈バスに乗り遅れるなの時流に乗って、いまが南方作戦のしどきなり、と豪語する輩《やから》〉が次第に集まってきます。対米強硬派が天下をとった時代の潮流からきた結果です。対米協調派が現場の艦隊へ出されて、たとえば山本は、いわば〈工場長〉のような役割をさせられている一方、〈本社〉には対米強硬派の秀才連中が集められてきました」

一九四一（昭和十六）年日米開戦後、山本はハワイ海戦、マレー沖海戦などで大きな戦果を挙げ、連合艦隊司令長官として名声を上げました。

しかし、一九四二（昭和十七）年六月のミッドウエー海戦では大きな敗北を喫しました。この海戦と九月のガダルカナル島への米軍上陸を境に、戦局は一転し、アメリカの反転攻勢が始まります。

一九四三（昭和十八）年四月十八日、山本長官は前線視察と将兵慰問のためラバウル基地を飛び立ちました。山本は三人の幕僚とともに一式陸攻の一号機に乗り込み、二号機には宇垣纏《まとめ》参謀長以下が乗り込み、護衛の零戦六機とともに出発しました。山本の周辺は、危険を察知して視察の中止を求める声や、護衛機の増加を進言する声もありましたが、山本はこれを固辞したといいます。

やがて長官機は、高度三千メートルでブーゲンビル島上空を飛行中、事前に暗号を解読していた米軍機の待ち伏せに会い撃墜され、山本は戦死しました。米軍は日本軍の暗号解読に成功し、山本司令長官機の動向を完全に掌握していたのです。敵軍の信号傍受により司令長官機が撃墜されるという、海軍にとっては大失態となりました。

捜索の結果、墜落した機体のもとで、白い手袋をして軍刀を握ったままの遺体が発見されました。

頭部と胸部に銃弾が貫通したまま即死とみられています。

山本はラバウル基地で戦死前年に書いた、以下のような「述懐」を遺しています。

「征戦以来幾万の忠勇無双の将兵は命をまとに奮戦し、護国の神となりましぬ

あゝわれ何の面目かありて見《まみ》えむ大君に将《はた》又逝きし戦友の父兄に告げむ言葉なし

身は鉄石にあらずとも堅き心の一徹に敵陣深く切り込みて日本男子の血を見せむ

いざまてしばし若人ら死出の名残の一戦を華々しくも戦ひてやがてあと追ふわれなるぞ

昭和十七年九月末述懐」

山本の死が国民に知らされたのは、凡そひと月後の五月二十一日のことでした。国民に与える衝撃の大きさを恐れた当局の判断によるものでした。

死後「元帥」が追贈され、葬儀は国葬として執り行われました。斂葬《れんそう》の日の葬列は、柩のあとに軍楽隊、儀仗兵を従えた長いもので、沿道では多くの人に見送られ多磨霊園へと向かいました。

その墓は、名誉霊域の一画に、東郷平八郎の墓と隣接して建っています。

その長男義正には、『父山本五十六』という著作がありますが、そこには山本が長い外国生活で身に着けた豊かな西欧的教養や趣味のことと並んで、人一倍の人情家であったことが記されています。その一例として、山本には肌身離さず持ち歩いた黒い手帳があり、そこには戦死したり殉職したりした部下の名前が記され、時折それを開いては黙想していたことが書かれています。そして、山本が遺した短歌の一首が紹介されています。

ひととせをかへりみすれば亡き友の
数へがたくもなりにける哉《かな》

これは、一九四二（昭和十七）年十二月八日、日米開戦の一周年に際して詠《よ》まれたもので、その一年間に失った数多くの部下のことを思いながら作られたものです。先の手帳のことと合わせて、山本の部下思い、人情家の一面を物語るものといえます。

そうした山本の人間的魅力について語る人は少なくありません。

しかし、そうした人間的魅力とは別に、連合艦隊司令長官としての資質を含めて、客観的な評価がなされなければならないという指摘もあります。小林康欽は、歴史上完全無欠の英雄や偉人などありえないといいつつ、「山本五十六も〝英雄〟であったかどうかはともかく、ある時期、日本の進路の舵をにぎり、歴史上大きな役割を担った人物であることだけは否定しようがない。とすれば、歴史上の人物として、欠点を含めていろいろな評価を受けるのは、ある意味で当然のことであろう」と書いています（『山本五十六のすべて』）。

東郷と山本の墓が相並ぶ風景は、さすがに威容というか、この霊園でもひときわ目立つ存在となっています。

東郷と山本について、田中宏巳は次のように書いています。

「東郷平八郎と山本五十六が名提督の双璧とされている。東郷の場合は、日露戦争の最後の方で決定的勝利を収めたことによって名声を確立した。一方、山本はその正反対で、開戦劈頭《へきとう》の真珠湾攻撃で華々しい戦果を収め、その後、四ヵ月間、勝ち続けたが、あとはじりじりと後退する一方であった。日本が劣勢に立たされはじめたところで戦死を遂げ、敗戦の将にならずにすんだ」

人によってその評価はさまざまであるとしても、この二人の連合艦隊司令長官が、一つの時代をつくり、歴史の証言者であることは確かです。

二人の墓前に向き合うとき、人はそれぞれさまざまな思いに駆られることと思います。ただ、そのドラマチックな面のみならず、もう少し深くて広い視野から、その生きた姿や時代を振り返ってみることも大切なことではないかと思います。

なお、山本五十六の墓から北へ辿ると、太平洋戦争のマレー作戦、フィリピン作戦を指揮し、戦後戦犯としてマニラで処刑された陸軍大将山下奉文の墓に、そしてさらに北へ遡ると、同じく太平洋戦争の開戦当時、「加藤隼戦闘隊」（正式には陸軍飛行第六十四戦隊）として数々の戦果を上げ勇名を馳せた、あの戦闘隊を率いた加藤建夫の墓に出会います。

そして同時にまた、トップやエリート軍人だけではなく、祖国を遠く離れた戦場で戦死した夥《おびただ》しい数の無名の兵士たちのことにも、思いを馳せることを忘れてはならないと思います。この霊園には、そうした数多くの無名の戦士たちが何事も語らぬまま静かに眠っています。

それらの墓誌には、たとえば旅順、徐州、マレー、セブ島など、ふるさとを遠く離れた戦没の地が記されており、そこにも日本が日中戦争から太平洋戦争へ戦線を拡大していった事実、そこで、掛け替えのない大切な命が失われていった痛ましい過去の痕跡を見ることができます。この霊園は、まさに時代の証言者でもあるのです。

こうした墓に対面するとき、この国が歩んできた歴史にあらためて目を向け、粛然とした気持にもなりました。それは、「昭和」という時代への、新たな問いを呼び覚ますことにもなります。

蟋蟀《こおろぎ》は鳴き止まず〜嵐の中で

――桐生悠々と尾崎秀実

昭和の初期から、戦時体制が急速に進み、言論統制が加速する中、時代と抗《あらが》い、あるいは時代に翻弄されつつも自身の信念に生きた二人のジャーナリストにも出会いました。

在野のジャーナリストとして反戦反軍を貫いた桐生悠々の言葉との出会いは印象的でした。

その墓碑には、

蟋蟀は
鳴き続けたり
嵐の夜
悠々

という句が刻まれています。蟋蟀とは「こおろぎ」と読みますが、もちろん、時代に抗して戦い続けた自身のことを語ったものです。

桐生悠々の墓碑銘

この言葉に出会ったとき深く心を打たれるものがありました。そして、悠々のまさに波乱というべき生涯に思いを致し、「ここに居られたのですか」と思わず声をかけたくなったのでした。

桐生悠々は一八七三（明治六）年金沢市生まれ。東大法科卒業後、「下野新聞」「大阪毎日新聞」などの記者を務めた後、「信濃毎日新聞」の主筆を務めました。一貫して反体制、反戦の姿勢を貫き、一九三三（昭和八）年に執筆した社説「関東防空大演習を嗤《わら》う」で、軍や民間が一体となって実施した大防空訓練を厳しく批判しました。

この記事の中で悠々は、そもそも敵機を関東の空に、帝都の空に迎え撃つ事態ということは日本の敗北につながるものではないかと主張したのです。この記事が軍部の怒りを買い、退社しました。

退社後一九三四（昭和九）年、名古屋で個人雑誌「他山の石」を発刊、軍部批判を続けました。その「他山の石」に「緩急車」という欄を設け、悠々はそこで時事を論じました。その「緩急車」欄を設けるにあたって書いた文章の中に、次のような一節があります。

「新聞記者生活三十余年、しかも到るところに孤軍奮闘の大悪戦を続け、今漸く囲《かこみ》を潰《つい》えて帰り来り、遙に一百里程塁壁の間を顧れば、我剣は折れ我馬は倒れている。かくして彼はあわれにも秋風屍《しかばね》を故郷の山に埋むるや否や」

このように書いた後に、先の一句「蟋蟀は鳴き続けたり嵐

桐生悠々の墓

の夜」が続いています。

『抵抗の新聞人　桐生悠々』の中で、井出孫六は、「〈記者生活三十余年〉の経験から、前に出れば撃たれることは重々承知していた。しかし、嵐の前に生けるものすべてが声をひそめるとき、声をかぎりに鳴きつづける蟋蟀に己を擬せずにはいられなかった」と書いています。

実際、「他山の石」は再三発禁処分を受けました。太田雅夫氏によると、「他山の石」の発禁・削除処分は都合二十七回、凡《およ》そ六冊に一冊が処分の対象となり、月二回発刊ですから、悠々は三ヶ月に一回のわりで愛知県特高課に出頭を命じられたということになります（井出、前掲書）。

そして悠々はそれまで八年続けてきた雑誌形式の「他山の石」を新聞形式に変えて発刊しましたが、それもいよいよ廃刊を逃れられないという状況に至ります。その読者宛の廃刊の挨拶の中でこう書いています。

「さて小生〈他山の石〉を発行して以来ここに八箇年超民族的超国家的に全人類の康福を祈願して筆を執り、孤軍奮闘また悪戦苦闘を重ねつゝ今日に到り候が、最近に及び政府当局は本誌を国家総動員法の邪魔物として取り扱い相成るべくは本誌の廃刊を希望致し居り候故、小生は今回断然これを廃刊することに決定致し候（中略）時偶小生の痼疾咽喉カタル非常に悪化し、流動物すら嚥下し能《あた》わざるように相成り、やがてこの世を去らねばならぬ危機に到達致し居り候故、小生は寧ろ喜んでこの超畜生道に堕落しつつある地球の表面より消え失せることを歓迎致し居り候も唯小生が理想したる戦後の一大軍粛を見ることなくして早くもこの世を去ることは如何にも残念至極に御座候」

長く愛読してくれた読者への寛如の言葉を語る挨拶の辞ですが、文章の中には悠々の痛恨と無念が滲《にじ》み出ています。この言葉が書かれたのは一九四一（昭和十六）年九月ですから、まさに太平洋戦争開戦前夜に当たります。先の悠々の言葉の中にある国家総動員法が公布されたのが一九三八（昭和十三）年、戦時体制における官製の国民統合組織である大政翼賛会が発会したのが一九四〇（昭和十五）年で、同じ年に言論統制の中心機関となる内閣情報局が創設されています。そうした時代状況の中で書かれたこの言葉には悠々の無念さが滲み、深く訴えるものとなっています。

ここにも書かれていますが、もともと悠々は慢性の咽喉カタルを発症していましたが、この年（昭和十六年）になってそれが急速に悪化し、流動物すら喉を通らなくなりました。喉頭がんでした。手術を拒否した悠々は、最後の「他山の石」が読者の元に届いたその日に（昭和十六年九月十日）、六十八年の波乱の生涯を閉じました。

最後の最後までその信念を貫き、権力と戦い続けた生涯でした。それだけにまた、志半ばでその道を絶たざるを得ない無念の真情を語る言葉に、深い共感と感動を禁じえません。

ヒノキやサツキ、ツゲなどの植栽に囲まれたその墓は静謐《せいひつ》なたたずまいを見せていますが、没後五十年に建てられたという左手の墓碑に刻まれた先の一句は、読むものに強烈なメッセージを伝えているように思われました。そして悠々の言葉や評伝を読み直しつつ、再びその墓碑に対面するとき、今の時代状況とジャーナリズムのありようにあらためて思いを致したのでした。

もう一人、初めはジャーナリストとして、その後中国を中心とする国際問題研究、評論活動をしつつ激動の時代に生き、非業の死を遂げた人物、尾崎秀実を訪ねてみます。

尾崎の墓は正門から北へ延びる名誉霊域通りを六百メートルほど進み、東3号通りを左折したところにあります。墓域はやや広く、緑の植栽に囲まれ、墓碑の左手に立つ樹が、それを蔽《おお》うように葉を茂らせています。正面に縦長の四角い白御影の墓碑があり、「尾崎秀実、英子之墓」と刻されています。ほかに墓誌も何もなく、簡素で静かなたたずまいを見せています。その静けさが、あの激動の時代を生きた尾崎の生涯をあらためて思い起こさせ、深い感懐を覚えました。

尾崎秀実は一九〇一（明治三十四）年東京に生まれ、一九一九（大正八）年第一高等学校に入学するまで新聞記者であった父の勤務先の台北で過ごしました。当時日本の植民地であった台湾での経験が、尾崎の精神形成に大きく影響したといわれています。

一高から東大法学部に進み、大学院に進みます。その間、民族問題や労働問題、農民運動などそれに対する権力の弾圧の実態を目にし、社会問題、中国問題への関心を強めました。

一九二六（大正十五）年朝日新聞社に入社、東京、大阪勤務を経て、一九二八（昭和三）年特派員として上海に赴任します。当時の上海は列強の思惑が渦巻き、国際関係の緊張を象徴する現場であり、尾崎はジャーナリストとしてこうした現実を見つめつつ、一方で多くの人と交友を深めました。文芸関係の雑誌に寄稿したり、魯迅と知り合い、その著『阿Q正伝』の翻訳に協力したり、東亜同文書院の学生たちの反戦運動を支援したりしました。

尾崎の上海での交友関係の中にアメリカ人の女性ジャーナリスト、アグネス・スメドレーがいます。そのスメドレーから「最も信用してよい人物」として紹介されたのが、アメリカ人新聞記者・ジョンソンという男（実はドイツ人ジャーナリストのリヒァルト・ゾルゲ）でした。しかし、この「アメリカ人新聞記者ジョンソン」が実はゾルゲであるということを知るのは、それから六年後のことでした。

ゾルゲはドイツ共産党員でソビエトのコミンテルンから送り込まれた諜報員でした。尾崎とスメドレーとゾルゲの関係は深い信頼関係に結ばれていました。第一回上申書で、尾崎は三人の関係を次のように語っています。

「深く顧みれば、私がアグネス・スメドレー女史や、リヒァルト・ゾルゲに会ったことは私にとってまさに宿命的であったと言いえられます。私のその後の狭い道を決定したのは結局これらの人との邂逅であったからであります。これらの人びとはいずれも主義に忠実で、信念に厚く、かつ仕事には熱心で有能でありました。（中略）彼ら、ことにゾルゲは親切な、友情に厚い同志として最後まで変わることなく、私も彼に全幅の信頼を傾けて協力することができたのでありま す」

一九三二（昭和七）年帰国し、大阪朝日本社勤務となります。その後東京本社に戻り、中国問題の専門家として知られるところともなります。その後朝日を退社して第一次近衛内閣の嘱託となります。この間、ドイツ新聞の記者として来日していたゾルゲと再会し、日本での協力を依頼され、尾崎もそれに応じました。

尾崎は中国の現状を科学的に分析し、中国の民族解放運動すなわち抗日民族統一運動の意義を解明し、「東亜協同体論」を提起しましたが、その意図は帝国主義戦争の停止とアジアの民族解放を目指すところにありました。

しかし、一九四一（昭和十六）年、国際スパイ事件・ゾルゲ事件に連座して検挙され、一九四四（昭和十九）年国防保安法・軍機保護法・治安維持法違反でゾルゲとともに死刑判決を受けました。尾崎は二度にわたり上申書を提出しましたが、大審院は上告を棄却し死刑が確定しました。そして同年十一月七日、その刑が執行されました。享年四十三歳でした。

尾崎について、弟に当たる文芸評論家の尾崎秀樹は、「彼が目指したのは国家の改革というよりむしろ、戦争体制の変革だった。日本民衆の明日を真剣に考えて戦争体制に反対したため、スパイの汚名を着せられ、抹殺された。私はそう思います」と語っています。

尾崎が獄中から妻英子と娘楊子に宛《あ》てた書簡は、『愛情はふる星のごとく』として刊行され、敗戦直後のベストセラーとなりました。

尾崎は弁護士の竹内金太郎に宛てた遺書の中で、家族に伝えてほしいことについて、こう書いています。

一、小生屍体引取りの際は、どうせ大往生ではありませんから、死顔など見ないでほしいということ、楊子は其の場合連れて来ないこと。

一、屍体は直ちに火葬場に運ぶこと、なるべく小さな骨壺に入れ家に持参し神棚へでも置いておくこと。
一、乏しい所持金のうちから墓地を買うことなど断じて無用たるべきこと、勿論葬式告別式等一切不用のこと（要するに、私としては英子や楊子、並びに真に私を知ってくれる友人達の記憶の中に生き得ればそれで満足なので、形の上で跡をとどめることは少しも望んでおりません）。

こう書きつつも、死後まで家人の意志を束縛する意図は少しもなく、将来平和な時が来て、お墓を作ってやろうということになれば、そのときは喜んでお墓に入ろうと続けています。いかにも尾崎らしい誠実さと、家族への深い思いが感じられます。

そして「一切の過去を忘れよ」「過去を捨てよ」と書き、一切を棄て切って勇ましく奮い立つもののみ将来に向かって生き得るのだということをほんとに腹から知ってもらいたい、と書いています。

尾崎の墓には毎年十一月に、かつての尾崎の多くの友人たちや関係者たちが尾崎を偲《しの》んで集まりました。その集いに関して英子夫人はこんな歌を遺しています。

多磨墓地のもみじ葉つもるみ墓辺に友はつどいぬ空晴れし日に

そして、尾崎の墓から三百メートル余り東に歩いたところにゾルゲの墓があります。
正面の墓碑に、リヒァルト・ゾルゲと妻石井花子の名前が刻まれ、左手の墓誌にはゾルゲの同志たちの名前が刻まれ、その中に尾崎秀実の名前も見られます。右手の墓誌には「戦争に反対し、世界平和に生命を捧げた勇士ここに眠る」と記され、その下にゾルゲの略歴が書かれています。

あの激動の時代を生きた二人が、同じこの霊園に、静かにその眠りについています。ほど近くにある二人の墓を訪ねるとき、あらためて、あの昭和の時代、戦争の時代とはなんだったのかという問いと深い感懐に思いを致すことになります。

余談ですが、こうした国民総動員体制と、言論統制が急速に進む中、独自な視点から時代を見つめ、記録した作家がいました。その作家永井荷風の言葉を紹介しておきます。

荷風は、厳しい時代の潮流の中で自身の信念と思想を貫いた先の二人とは極めて対照的な生き方を見せた人物です。国民が逼迫した暮らしと閉塞感に捉われていた時代、経済的な懸念もなく、自由で気ままな、高等遊民的な自分流を貫いた作家ですが、しかし、その克明な日記には、時代や世相を見る鋭い眼と、批判精神を見ることができます。

たとえば悠々が「他山の石」廃刊に追い込まれる前の年の一九四〇（昭和十五）年十月十五日には、

「この頃は夕餉の折にも夕刊新聞を手にする心なくなりたり。時局迎合の記事論説読むに堪えず。文壇劇界の傾向に至っては寧ろ憐憫に堪えざるものあればなり」

と書き、瀕死のジャーナリズムや文壇に厳しい批判の目を向けています。

また、一九三八（昭和十三）年以来、作家たちが「銃後文学の発展に資する」という目的で従軍作家として中国や南方戦域に派遣されました。そして一九四二（昭和十七）年六月には「日本文学報国会」が結成され、作家たちは否応なく戦時体制に組み込まれていきました。

文壇との交流も断ち、そうした動きから距離を置いていた荷風ですが、昭和十八年の大晦日の日記にはこう記しています。

「今秋国民兵召集以来、軍人専制政治の害毒いよいよ社会の各方面に波及するに至れり。親は四十四五才にて祖先伝来の家業を失いて職工となり、其の子は十六七才より学業をすてて職工より兵卒となりて戦地に死し、母は食物なく幼児の養育に苦しむ。国を挙げて各人皆重税の負担に堪えざらむとす。今は勝敗を問わず唯一日も早く戦争の終了をまつのみなり。…今日の軍人政府の為すところは秦の始皇の政治に似たり。国内の文学芸術の撲滅をなしたる後は必ず劇場閉鎖を断行し債券を焼き私有財産の取り上げをなさでは止まざるべし。斯くして日本の国家は滅亡するなるべし」

荷風の日記（『断腸亭日乗』）には、こうした戦時下の世相や、文学、思想、芸術芸能統制の記録が頻繁に現れます。それは昭和という時代と、本稿で取り上げた人物を含めて、そこに生きた人たちの生きざまを見つめるための貴重な証言の記録ともなっています。

新宿中村屋物語〜現代史の狭間で
――相馬黒光とラース・ビハリー・ボース

激動の時代を駆け抜け、現代史を彩った一人の日本女性と、インド独立運動の志士との物語にも出会いました。

あの新宿中村屋の創業者で、その文化サロンの主宰者としても知られるスーパーウーマン相馬黒光と、インド独立運動家で、その中村屋に日本初の本格的なインドカレーを伝えた人物といわれるラース・ビハリー・ボース、この波乱の生涯を送ったともいえる二人もまたこの霊園に眠っています。

相馬黒光の墓は霊園の正門から大廻り東通りを少し北へ進み、次の角を左に折れ、桜並木を五十メートルほど歩いたところにあります。広い墓域はつつじやナンテンに囲まれています。入り口から石畳が延び、その両側には芝生が植えられています。正面に塚が築かれ、その上に重ねられた大きな自然石に、「相馬家の墓」と刻されています。ただそれだけで、墓誌も記念碑もありません。墓石の前には広い空間が保たれ、静謐《せいひつ》さが漂っています。その静寂が、彼女の送った波乱の生涯とあまりにも対照的で、深い感銘を受けました。

相馬黒光（本名・良）は一八七六（明治九）年仙台生まれ。早い時期からキリスト教を信仰し、十二歳で洗礼を受けています。宮城女学校に入学しましたが、ストライキ事件が起こり退校します。その後横浜のフェリス女学校を経て明治女学校に転校します。明治女学校では島崎藤村の授業を受けたり、また従妹の信子を通じて国木田独歩とも交流があり、文学への関心を深めました。

女学校を三つも変わり、さまざまな人たちと交流するという波乱のスタートでしたが、そこにこの女性の自由奔放で情熱的な生涯を予想させる一面を見ることができるように思います。

その後、長野県安曇野の旧家相馬家の相馬愛蔵と結婚し、そこで新しい生活を始めます。そして文学への夢も断念します。豊かな自然の中での新生活でしたが、農村の生活になじめず、自由な生き方を求めて東京に出たいという思いは絶ちがたく、煩悶と焦燥の日々が続きました。やがて体調を崩し、療養のために仙台に帰ります。

相馬黒光の墓

一九〇一（明治三十四）年上京し、夫愛蔵とともに本郷でパン屋を開業します。その後新宿に移り、現在の中村屋の基礎を築きます。新宿では本業のパンのほかカステラ、チョコレートの製造販売の一方、喫茶部を設けたり、インド式カリーの発売を始めたりしました。実はこのインド式のカリーを伝えたのが、あとでふれるビハリー・ボースでした。

本業の傍ら画家や文学者らが集うサロンを作り、交流の場を提供しました。そして彫刻家の荻原守衛

（碌山）、画家の中村彝《つね》、ロシアの亡命詩人エロシェンコらの創作活動を支援しました。このサロンは、「中村屋のサロン」として知られています。中村屋の事業は順調に発展しましたが、そこに単にパン屋のおかみに留まることなく、常に前に向かって進む黒光のバイタリティを感じます。

碌山は長野県安曇野の出身で、ニューヨークやパリで画を学んでいましたが、パリでロダンの「考える人」を見て心を打たれて彫刻の道に転進しました。帰国後は中村屋の隣のアトリエで黒光の支援を受けながら創作活動を展開しました。そして黒光に深い思いを寄せるようになり、二人の関係は急速に接近していきます。

しかし、中村屋のアトリエでの創作活動を始めてからわずか二年余り後、碌山は三十歳という若さで急逝します。結核による大量喀血によるものと見られていますが、黒光との関係に悩み自殺したともいわれています。葬儀のとき、碌山の柩に取りすがって号泣した黒光の姿は人びとに強烈な印象を遺しました。

いま、信州穂高町の碌山美術館にある碌山の代表作「女」は、黒光への思いを秘めて制作されたともいわれています。碌山の急逝は、この作品の完成直後のことでした。碌山美術館には以前にも行ったことはあるのですが、こうして相馬黒光や中村屋のサロンのことを調べていると、再びこの美術館を訪ねてみたくなりました。

相馬夫妻は、若い芸術家たちへの支援と同時に、亡命したインド独立運動家ビハリー・ボースを匿《かくま》い、保護しました。ボースについては後述しますが、当時イギリス領であったインドの総督ハーディング爆殺未遂事件の容疑者として当局から追われ、日本に亡命していたのでした。このインドの亡命青年を当局の追跡の手から匿い、保護するために尽くした玄洋社の頭山満らと相馬夫妻の苦闘は相当のものでした。そのあたりは、黒光の自伝とも言うべき『黙移』の中に詳しく語られています。

そしてボースの安全を護り、その連絡を密にするためという意図もあって、ボースと黒光の娘俊子との結婚話が浮上します。その結婚は黒光にとっては苦渋の決断でしたが、黒光は当時のことをこう回想しています。

「この重大な問題に面して、私は幾日も幾日も考えました。私はどういう縁でか、このインドの志士を預かり、いつとなくわが子のように感ずるようにはなっていましたけれど、これがやがて娘の夫になろうなどとは夢にも思って見たことはありませんでした。従って娘に、いまそういうことを言い出すのも苦しく、殊にこれは娘を非常な苦労の中に陥し入れるものなのですから、親としても、まことに不憫であり、また果たしてそんな大任がこの年若なものに全うされるかどうか、考えれば果しもなく心配でした」

結局俊子はそれを受け入れ、二人の生活が始まりますが、逃亡生活の無理がたたり、一九二五（大正十四）年、二十六歳の若さで逝ってしまいます。わずか七年の結婚生活でした。遺された二人の子供は黒光が預かりました。

黒光はその波乱の生涯を語った『黙移』の末尾で、「私の道はただただ直ぐに、声もなく、移ってここに来たことを思います。自分自身には殆《ほとん》ど何事もなく、一歩一歩歩んでまいりますうちに、さまざまのものが絡まり絡まりして、それがみんな生死の瀬戸際を出入りするような大事件になり、その渦中にひき入れられて、私自身の悲しみも喜びも。多くの思い出も遺されました」と書いていますが、それを、一年半後に書かれた『黙移』の続編ではこう改めています。

「さきには篇を結ぶに当って〈私自身には殆んど何事もなく〉と書きましたが、ここには〈私の人生行路は坦々として砥《といし》の如きものばかりではありませんでした。山あり、谷あり、急坂あり、泥沼あり、或時は怒濤狂乱、身も魂も覆されてしまうかと思ったことも度々ございました〉とまるで反対のような言葉を以て書き出そうとするのであります」

一年半後に書かれたこの続編では、黒光の深い心情が率直に語られているといえます。

黒光は、この二つの文章は一見矛盾するように見えつつ二つとも真実である、一つは私の「外部」であり、一つは私の「内部」であると書いています。そして、「一度眼を深奥の幽所に注いで内なる生命を省みる時、まことにまことに多くの懺悔すべきものを蔵し、よくもこのような自分が道を違えずに歩いて来られたものであると、真実驚かれるのであります」と述べています。

そんな黒光の波乱の生涯を、長男の相馬安雄は『適水録』の中でこう書いています。

「黒光ぐらい生涯を通じて自己の思いの儘《まま》をやってのけた人は稀であろう。総《すべ》ての言動が自己中心に為されている。少くともわが邦《くに》の女性として、且《かつ》また人の妻でこれ丈《だ》け自由奔放に振舞った者は珍しい」

ただそれを許容したのは、夫愛蔵の稀に見る寛大さであったといっています。

一九五四（昭和二十九）年、夫愛蔵を亡くしてから、黒光の体力はとみに衰えていきましたが、その翌年、容態が急変して昏睡状態になり、そのまま静かにその八十年の生涯を閉じました。その直前に発した、「来るものが来たようだ」という言葉が、最後の言葉となりました。六十年近く連れ添った夫愛蔵の死から、一年後のことでした。

あらためてその墓の前に立つとき、そこに墓誌などの記された言葉も何もないがゆえに、逆に激動の時代、昭和の歴史の一ページを彩った女傑とも言うべき一人の女性の波乱の生涯が偲ばれ、深い想像力が刺激されるように思います。

相馬家の墓から桜並木を東へ戻り、大廻り東通りを南の正門の方に少し歩いたところに、ラース・ビハリー・ボースの墓があります。徒歩で一分半ほどという近さです。

両側に白御影の石柱が建てられた入り口の正面にあるインド式の大きな仏塔は、周囲の墓とは異なり、かなり異彩を放つ存在です。仏塔の正面に「ボース家」、その左には「樋口家」（長女哲子の婚家）と刻されています。その裏面にボース夫妻の戒名、「顕国印殿俊譽高峰防須大居士」（ボース）、「雪峯院貞譽妙俊大姉」（妻俊子）が記され、その左には終戦直前沖縄で戦死した長男の防須正秀（行年二十歳）の名前があります。

相馬夫妻とボースをめぐる物語に思いを馳《は》せるとき、その墓が余りにも近きにあることに驚きました。

ボースは一八八六(明治十九)年、当時イギリス領であったインドのベンガルに生まれます。そして、若くしてイギリスからの独立運動に参加し、やがて「ハーディング総督爆殺未遂事件」の容疑者としてイギリス当局から追われる身となります。

そして一九一五(大正四)年、日本に亡命します。第一次世界大戦勃発の翌年のことです。

ボースと亡命事件に関して、先の相馬黒光はこう書いています。

「ボース氏はインド四階級のうち、第二の階級に属する王族、日本でいえば武士階級の家に生れ、父はインド政府の役人でした。母は早く世を去り、妹と弟がありました。祖国愛と正義感に燃えるボース氏は、少年の頃から独立運動に志し、そのうちラホール事件というものがあり、ボース氏はインド総督に爆弾を投げて失敗し、それ以来ボース氏の首には英政府から一万何千ルピーかの賞金がかけられたままで、ボース氏は日本に亡命しました」

当時の日本とイギリスは、日英同盟を結ぶ同盟関係にあり、日本政府は英国の要求に応じてボースに国外退去を命じます。

ラース・ビハリー・ボースの墓

日本でも追われる身となったボースを援助したのは、先にも少しふれましたが、当時大アジア主義を唱えた国家主義者頭山満らでした。大アジア主義は欧米列強のアジア侵略に対して、日本が中心となってアジア諸国の解放を主張するものであり、玄洋社の頭山満はその中心となって革命家や亡命者を支援していました。そしてボースを匿うために、相馬愛蔵に話を持ちかけたのです。

要請を受けた相馬夫妻はもともと日本政府の国外退去命令に批判的であったこともあり、ボースの身を預かることとなりました。官憲の目を逃れて、ボースを頭山邸から中村屋へ移送する際の緊迫したスリリングな状況については、先に述べたように、相馬黒光の『黙移』にも詳しく書かれています。

ボースはその後一九一八（大正七）年、相馬家の長女俊子と結婚し、一九二三（大正十二）年日本に帰化します。

そして日本国内で有力者や政治家たちと交流を深め、国内を転々としながら祖国独立のために奮闘します。ボースと俊子の間には二人の子供が生まれましたが、俊子は無理な生活と心労が重なり、病に倒れ、一九二五（大正十四）年、その短い生涯を閉じました。二十六歳という若さでした。

ボースは、俊子の葬儀の礼状の中で、「彼女と私との生活は誠に短い年月でありましたが、然し私に取りましては智慧と力に満ちた幸福な時で、永久に忘れることは出来ないでしょう」と書いています。

この中村屋に滞在中、ボースはあのインドカレーの本場の味を伝えました。当時日本に伝えられていたカレーは、本格的なインドカレーとはまったく違うものでした。こうして中村屋のカレーは、当店を代表する味となり、今日に至っています。中村屋の名物誕生の背景に、こうしたドラマがあったのです。

その後、ボースはインド独立連盟の最高顧問としてチャンドラ・ボースとともにシンガポールに自由インド仮政府を樹立し、独立を目指す運動に尽力します。しかし長年の労苦は徐々に体を蝕《むしば》み、病に倒れ、日本に帰国します。

そしてボースの病状は悪化の一途を辿り、一九四五（昭和二十）年一月、命を懸けて戦った祖国独立の日を見ることなく、その波乱の生涯を閉じました。享年五十八歳、「子供を頼む」が、最後の言葉となりました。この年は、日本の太平洋戦争敗戦の年です。ボースが夢見たインドの独立は、それからおよそ二年半後の一九四七（昭和二十二）年八月十五日でした。

遺された遺言状には、「葬儀は行わぬこと」「遺体は解剖に附し、多少なりとも学問の貢献に資したいこと」などが記されていました。

中島岳志氏はその労作『中村屋のボース』の中で、ボースの一生は一杯のインドカレーの伝来物語をはるかに超えた壮大で重たい問題を背負っているものであり、「アジアの時代」と謳《うた》われる今日、この一人のインド人が歩んだ五十八年の足跡を振り返ることは、われわれ日本人にとって大きな意味がある、と書いています。

祖国インドの独立のために生涯をかけて闘ったビハリー・ボース、そしてそれを支えた相馬黒光という日本女性とそれを支援した周辺の人たち、その生涯と軌跡を辿るとき、そこには単なるインド独立戦争の志士の物語や、稀に見る行動力と情熱の持ち主の日本女性の物語を超えて、日本近代の一側面を鮮やかに映し出すものがあるように思います。

その墓の前に立つとき、ボース夫妻の波乱に満ちた生涯とその時代への思いが深く胸に響き、感懐を禁じえませんでした。そして再び相馬黒光の墓を訪ねたくなり、さまざまな想いを胸に浮かべながら、歩を進めました。

その墓の前の通りは、まさに桜が満開でした。

生と死と文学と

——大岡昇平と三島由紀夫

霊園には多くの作家・文豪と呼ばれる人が眠っています。その何人かについては先に取り上げましたが、ここでは自らの戦争体験に向き合い、あるいは生と死という問題を問い続けた二人の作家、大岡昇平と三島由紀夫を取り上げます。

大岡昇平といえば歴史小説、恋愛小説、評伝など幅広い執筆活動で知られていますが、やはり『俘虜記』『野火』『レイテ戦記』などの戦争体験に基づいた作品がその代表作として注目されるところです。その戦争体験は一貫して彼の中に生き続け、執筆や発言の根幹をなすものとなりました。その『レイテ戦記』の発表の年、日本芸術院会員に推挙されましたが、「戦争で捕虜となり、死んだ戦友に対して常にすまないと思っている自分が、国から栄誉を受けることはできない」と、辞退しました。

大岡の墓は、武蔵野のこの周辺を舞台にした作品を書き、自身も一時寄寓したことのある武蔵小金井の地に近いこの霊園にあります。

その墓域はサツキに囲まれた静かな場所にあり、墓碑の左手には百日紅《さるすべり》の木が、右手にはツバキが植えられています。訪れたとき、ツバキは蕾をいっぱいつけていました。墓石には「大岡家之墓」とのみ記され、「大岡昇平」の文字は見当たりません。墓域もそれほど広くなく、地味で簡素なたたずまいで、何気なく歩いていると通り過ぎてしまいそうです。

大岡は一九〇九（明治四十二）年東京生まれ。京大仏文科卒でスタンダール研究家として知られていましたが、第二次大戦中の一九四四（昭和十九）年召集を受け、フィリピンのミンドロ島に送られます。そのときすでに三十五歳で、妻子がありました。その翌年の一月米軍の捕虜となり、レイテ基地俘虜病院に入ります。復員したのはその年の十二月でした。

そのフィリピンでの捕虜体験をもとに一九四八（昭和二十三）年『俘虜記』を発表し、第一回横光利一賞を受け、作家へと転じました。この『俘虜記』や『レイテ戦記』などは、その戦争体験をもとに、後世のためにどうしても書いておかねばならないものであったと、大岡は語っています。

大岡は、『レイテ戦記』を初出の「中央公論」で毎月休みなく連載できたのは、遅筆の著者としては珍しいことである、これはこの主題について著者の内的衝動がよほど強かったからに違いない、と書き、その後にこう続けています。

「著者がこの本で実現しようとしたのは、いわゆる戦史ではない。レイテ島という限られた場所で演じられた一つの劇である。ここが日米両軍の決戦場に選ばれた結果、日本人、アメリカ人、フィリッピン人が、取らざるを得なかったさまざまの行動を、熱帯の空間の中に位置づけることであった」（『レイテ戦記』あとがき）

『レイテ戦記』は、大岡のその壮絶な戦場体験と、膨大な日米の資料の渉猟をもとに書き上げられています。大岡の執念ともいうべきものが生み出したこの大作からは、人間と人間社会の深淵についての大岡が本当に語りたかったことを、深く読み取ることができます。

そして大岡は、「『レイテ戦記』を直す」の中でこう書いています。

「歴史はくり返さない。これは新しい事態であって、こんど戦争が起こるとしても、まったく様相を異にしているだろう。しかし、いつの世にもばかを見るのは兵士であり、国民である。これはなんど言っても、くどすぎるということはない」

大岡は自ら体験した戦場の異常さを理性的で明晰な文章で表現しています。しかし、そうした抑制的な文章が、逆に読者に訴える大きな力になっているように思います。

大岡のそのほかの代表作には、『武蔵野夫人』『花影』『少年』『事件』などがあるほか、優れた評論も遺しています。

大岡は「わが文学における意識と無意識」の中でこう書いています。

「『朝の歌』『富永太郎の手紙』『花影』『レイテ戦記』を並べてみると、私がずっと死者と交信して暮らしていることがわかります。復員当時私は以後は余生であることを感じていました。その感じはその後文学を続けるうちに薄らいでいましたが、もはや五十七歳、自然死も近くなった今日、私は再びそれを感じはじめています。フィリピンで実現しなかった事故死と、近い将来の自然死との間に挟まって、私の書くものがいつも死の影を曳いていたのは止むを得ません」

大岡は、自身の文学的生涯を書いたというこの一文を以上のような言葉で結んでいます。

一九八八（昭和六十三）年十二月二五日、心臓病検査のため入院中の順天堂大学付属病院で脳梗塞を発症、死去しました。病室にも原稿用紙を持ち込み、「おれは死ぬまで書くよ」と、見舞いに来た編集者に話していたといいます。

大岡の最期の言葉は「あまり騒ぐな、お通夜、葬儀もいらない」であったといいます。戦友たちの死と彼らへの思いを常に背負って生きてきた大岡にとって、大げさな葬儀やセレモニーはどうしても受け入れることのできないものであったのでしょう。その言葉は、あの芸術院会員推挙を固辞したときの言葉と深く重なるものといっていいでしょう。

大岡の死に際して、多くの人がそれを悼む言葉を語っていますが、その中から二つほどを紹介しておきましょう。

作家の埴谷雄高は、「日本の文学が右あるいは左へとイデオロギー的に分化していく中、大岡は常に真ん中を歩いてきた。社会や文学に対して真正直に生きようという正義感にあふれていた。戦争を直視し、死者を弔う姿勢には右も左もない。だからこそ作品は多くの人の共感を得た。とりわけ『野火』は、昭和二十年代で世界に通用する数少ない日本文学の一つだと思う。最後まで正義感を貫いた人物を亡くし、文学界は大きな支えを失った」と語っています。

文芸評論家の秋山駿は、「戦争で死と直面した経験をもとに、生きる勇気と高貴な精神を掲げて一生を貫いた作家だった。文学のために生きるというより、そんな生き方が文学として形になった気がする」と語っています（以上、いずれも「朝日新聞」一九八八年十二月二十六日朝刊）。

「生き方が文学として形になった」――大岡を評するに、まさに至言ともいうべき言葉といえるように思います。

大岡昇平の墓から北に向かって少し歩いたところに、三島由紀夫の墓があります。

その墓は霊園の中央部を横断するバス通りと、霊園を東西に貫く東3号通りという広い道路が交差するあたりにありますが、通りから少し入ったところで、静謐《せいひつ》な雰囲気を保っています。近くには詩人の川路柳虹や与謝野鉄幹・晶子夫妻の墓もあります。

その白御影の墓石には、「平岡家之墓」と刻されているのみで、通常は三島の墓と気づかずに通り過ぎてしまいます。右側の霊位標の中に三島の戒名が「彰武院文鑑公威居士」と記され、「昭和四五年十一月二五日去世　俗名平岡公威　筆名三島由紀夫　行年四五才」と書かれています。

これがあの三島の墓か――、初めてその墓に出会ったとき、思わず立ち止まってしまいました。あの膨大な作品群を遺《のこ》し、劇的な最期を遂げた三島の墓が、周辺の墓と変わらぬたたずまいでひっそりと建っていることに、深い感懐を覚えました。

三島由紀夫は一九二五(大正一四)年東京生まれ。東大法学部を卒業後、一時大蔵省(現財務省)に勤めますが、一年後に退職、創作活動に専念します。『仮面の告白』(一九四九年)で認められ、作家としての地位を獲得しました。『愛の渇き』『金閣寺』『潮騒』『宴のあと』『美徳のよろめき』『豊饒の海』などの小説のほか、戯曲にも優れた作品を遺しました。

三島はまた、その創作活動の傍ら、肉体の改造に執心し、ボディビル、ボクシング、剣道、空手などの武道にも専心し、とくに剣道は五段の段位を持っていました。それは文武両道ともいうべき三島の美学でしょうが、一方でそこに独自のナルシシズム、自己顕示、創作の行き詰まりなどを指摘する声もあります。

三島は、経済発展を続け、物質的豊かさの追求に狂奔する時代の状況や国のあり方に強い危機感を感じていましたが、その後ナショナリズムに傾倒し、一九六八（昭和四十三）年「楯《たて》の会」を結成します。

一九七〇（昭和四十五）年十一月二十五日、三島は自衛隊市谷駐屯地の陸上自衛隊東部方面総監部で総監を人質に取り、自衛隊員を集め、その決起をうながす演説を行いました。彼は、そこで配布した「檄《げき》」の中で、「今こそわれわれは生命尊重以上の価値の所在を諸君の目に見せてやる。それは自由でも民主主義でもない。日本だ。われわれの愛する歴史と伝統の国、日本だ。これを骨抜きにしてしまった憲法に身体をぶつけて死ぬ奴はいないのか」と呼びかけました。

しかし、その意図に反して自衛隊員の反応は冷たく、総監室へ戻った三島は割腹自殺しました。

三島は死の四ヵ月ほど前に書かれた文章の中で、「私はこれからの日本に大して希望をつなぐことができない。このまま行ったら〈日本〉はなくなってしまうのではないか」と、日本の将来に対しての危機感を語っています。そして、日本がなくなってしまった後には、「無機的な、からっぽな、ニュートラルな、中間色の富裕な、抜目がない、或る経済的大国が極東の一角に残るであろう。

それでいいと思っている人たちと、私は口をきく気にもなれなくなっているのである」と書いています（「果しえていない約束」サンケイ新聞、一九七〇年七月七日）。

その最後の評論ともいうべきこの文章には、三島の切迫した心情が語られています。

そして三島が書いたように、この国はまさしく空虚で、閉塞感の漂う「経済大国」と成り果ててしまったといえます。

三島の死に対して、さまざまな言葉が語られ、批評が展開されました。あるものは賛辞であり、あるものは厳しい批判となっています。その中から二つほど紹介しておきましょう。

澁澤龍彦は、「三島は世をはかなんだわけではなく、デカダン生活を清算するためでもなく、むしろ道徳的マゾヒズムを思わせる克己と陶酔のさなかで自己の死を固めていった。（中略）四十五歳での爆発は決して突発的な事故ではなく、三島氏の内面に長く長く、マグマのようにくすぶりつづけていたものの爆発にほかならなかった」と書いています。

また、三島の古い友人であった大岡昇平は、追悼文の最後の一節を次のように書いています。

「しかしいずれにしても三島さんはもういない。類《たぐ》い稀な才能、魔法使いの才能が、自らの手で葬り去られたのである。冥福を祈る、というのが、こういう文章の終りの極《き》まり文句だが、三島さんの場合はふさわしくない。三島さんの魂は護国の鬼となって、永遠に市ヶ谷にとどまるつもりであろう。それもまた一生である」（『近代作家追悼文集成』）

三島の辞世は、次の二首でした。

益荒男《ますらお》がたばさむ太刀の鞘鳴りに
　幾とせ耐へて今日の初霜

散るをいとふ世にも人にもさきがけて
　散るこそ花と吹く小夜嵐

その葬儀は、川端康成が葬儀委員長を務め、東京の築地本願寺で行われましたが、八千人を超える弔問客があったといわれています。

最後に、三島にとって人間の生と死の問題、人間は何のために生き、何のために死ぬのかという問題がいかに重要なものであったのか、あるテレビ番組の中で語った言葉を引いておきます。

「人間の生命というのは不思議なもので、自分のためだけに生きて自分のためだけに死ぬというほど人間は強くない。というのは、なんか人間は理想なり何かのためということを考えているので、生きるのも自分のためだけに生きることにはすぐ飽きてしまう。すると、死ぬのも何かのためということがかならず出てくる。それが昔言われた〝大義〟というものです。そして、大義のために死ぬということが、人間のもっとも華々しい、あるいは英雄的な、あるいは立派な死に方と考えられていた。

しかし今は大義がない。これは民主主義の政治形態というものは大義なんてものがいらない政治形態ですから当然なんですが、それでも心の中に自分を超える価値が認められなければ、生きていることすら無意味であるというような心理状態がないわけではない」（ＮＨＫテレビ「宗教の時間」、一九六六年放送）

この番組の中で三島は、平和で幸せに見えるこの時代、そして死を遠ざけて生きているこの時代は、果たして本当に幸福な時代といっていいのかと問いかけています。

三島が壮烈な死を遂げるのは、それから四年後のことです。

没後やがて半世紀近くになろうとするいま、三島が依然として読み継がれ、語られていることの背景の一つに、先に引用した三島の危機感とともに、こうした三島の問いかけがあるといえるかもしれません。

大岡は明治のほぼ終わりの頃に生まれ、大正・昭和の二つの時代を生き抜き、昭和終焉の前夜にその八十年近い生を閉じました。三島は昭和の前夜に生まれ、半世紀に近い昭和の時代を生き、自らの美学を貫き、その生を閉じました。

二人は、その思想的立場や世界観、その生き方の美学や文学的方法においては極めて対照的ですが、しかし、ともに時代への危機感と向き合い、生と死という問題へ真摯に対峙しつつ、多くの作品群を遺しました。そして、それは今でも広く読み継がれています。

同じ霊園のほど近くに眠る大岡昇平と三島由紀夫の墓を訪ね、そしてその作品を読み直してみると、二人の生きた姿、そして作品が語りかけることに、あらためて深くて重い意味を読み取ることができるように思います。

＊　＊

こうして、時代を創り、彩った多くの故人たちを訪ね、思索の旅を綴ってきましたが、このほかにもこの霊園にはほぼ同時代の多くの作家や評論家、思想家、政治家、学者らが眠っています。『出家とその弟子』『愛と認識との出発』などを遺した倉田百三、『山月記』『李陵』の中島敦、『カインの末裔』『ある女』の有島武郎、『旅愁』『紋章』の横光利一、『廻廊にて』『風姿花伝』の辻邦生、『若い人』『青い山脈』の石坂洋次郎などの作家たち、そして『日本イデオロギー論』などの著作で知られ、治安維持法違反で検挙され獄死した哲学者戸坂潤、六十年安保反対運動のデモに参加、国会内で警官隊と衝突し死亡した東大生の樺美智子の墓もあります。

労働運動一筋に生き、社会党委員長時代演説中に右翼の少年に刺殺された浅沼稲次郎の墓には、「解放」という迫力のある文字が刻まれており、波乱の生涯で知られる女優岡田嘉子の墓誌の、「悔いなき命をひとすじに」という言葉も印象的でした。また、『日本人の精神史研究』などで知られる評論家亀井勝一郎の墓碑には、「歳月は慈悲を生ず」という味わい深い言葉を見ることができます。

そのほか、明治・大正・昭和の三代を生き抜き、大著『近世日本国民史』などを遺した思想家徳富蘇峰、日本政治思想史研究の丸山真男、経済学者大内兵衛、元総理の大平正芳、俳優の上原謙、望月優子、歌舞伎俳優の守田勘弥（累代）、中村歌右衛門（五代目）など、その名前を挙げていくと際限がありません。

そのことは、まさしくこの霊園が、日本近現代の「時代の証言者」であることを物語っています。その霊園の散策は、本文で取り上げた人物を含め、こうした人びととの出会いの旅であり、その人の生きた姿やその時代に対する思索を深める旅でもあります。

そこに漂う時間は、何ものにも代え難い充足のときとなります。

あとがき

取り上げた人物は凡《およ》そ六十人、その一人ひとりについて、それぞれ一冊の評伝が書けるような大物ばかりでした。それぞれの人物に強い関心をお持ちの方にとっては食い足りないところがあるかもしれませんが、紙幅の関係もあって、このようなスタイルになりました。

限られた条件の中で、それをいかにコンパクトにまとめ、しかしそこに確かなメッセージと切り口の独自性をどう盛り込むかが、ポイントでした。しかし、毎日午前中のほぼ三時間の執筆時間は、取り上げた人たちと深く語り合える、至福のときともなりました。

また、すぐれた業績や感動的な生き方を見せた人たちの墓が、このほかに数多くあったのですが、これも紙幅の関係で残念ながらここに取り上げることができませんでした。

一方で、決して著名ではなく、時代の中でひっそりと生き、しかし感動的な生き方や心に届く言葉を遺した人たちにも、少なからず出会いました。墓誌に刻まれたそんな言葉は、通り過ぎるのが惜しくて、しっかりと記録に残しました。中には、著名人の生き方や遺した言葉に劣らず、深い思いや心に沁みる熱いメッセージを伝えるものが多く見られました。これらの言葉は、機会をあらためてまとめてみたいと考えています。

執筆の対象が多彩、多岐にわたるので、多くの先達の書に導かれ、学びました。そうした文献もなるべく文中や巻末に掲げるよう努めましたが、何しろ膨大な量になるため、そのすべてを尽くせなかったことをお詫びいたします。

引用に当たっては、読みやすさに配慮して、可能な限り新字や現代仮名遣いにあらためました。

本書の執筆は、長い付き合いである日本大学名誉教授の大村政男氏の勧めによるものです。大村氏は、私の最初の単著である『転換期のメディア環境』の執筆を勧めてくれた方です。幸い本書は版を重ね、第四刷まで増刷しました。

その後は主に新書や文庫の執筆が多かったのですが、今回久しぶりのハードカバーとなりました。執筆に際しては、先の大村氏をはじめ、明石書店の神野斉編集長、森富士夫氏にいろいろお世話になりました。

また、多くの友人に恵まれていたことも幸いでした。そういう友人たちとの対話や議論から多くのことを学ぶことができ、とかく独りよがりの内容になりがちな原稿に対して、彼らは的確なコメントを寄せてくれました。

そして、墓碑などの写真の掲載について、快く応じてくださった遺族の方々にも深甚の謝意を表したいと思います。掲載したい写真はほかにも少なからずあったのですが、紙幅の関係などから限られたものになりました。また、最近、お墓を傷つけたり荒らしたりする不逞《ふてい》の訪問者などもあるようで、それに心を痛めているご遺族の方もあり、写真の掲載に応じられないという申し出もありました。お墓は本来神聖な場所であり、それを訪ねるときはあくまでも基本的なマナーを守り、畏敬の念と謙虚さを失うようなことがあってはならないと思います。

先般、永六輔氏が、テレビでの黒柳徹子さんとの対談の中で、「その人（故人）の話をすることが、何よりの供養になるのではないか」といった趣旨のことを語っていました。とすると、故人について書くこともまた、供養になることかもしれません。

多くの故人について書いた本書もまた一つの供養になっているとすれば、それは筆者にとっても望外の喜びであります。

二〇一三年初秋

多磨霊園に程近い寓居にて　立元幸治

都立多磨霊園見取り図

【最寄駅】

・京王線多磨霊園駅から京王バス多磨霊園表門下車徒歩2分
・JR線武蔵小金井駅から京王バス多磨霊園表門下車徒歩2分
・西武多摩川線多磨駅下車徒歩5分

詳細な案内図は霊園管理事務所（正門のすぐ近く）で入手できます

【参考文献】

――本書全般に関わるもの

『現代日本朝日人物事典』朝日新聞社（一九九〇）
『私の履歴書』日本経済新聞社（一九五七～）
『「週刊朝日」の昭和史――事件・人物・世相1～5巻』朝日新聞社（一九八九～九〇）
『「文藝春秋」にみる昭和史1～3巻』文藝春秋（一九八八）
「文藝春秋」二〇〇二年一月号「遺書――80人魂の記録」
今井清一編『近代日本思想大系33 大正思想集Ⅰ』筑摩書房（一九七八）
鹿野政直編『近代日本思想大系34 大正思想集Ⅱ』筑摩書房（一九七七）
松田道雄編『近代日本思想大系35 昭和思想集Ⅰ』筑摩書房（一九七四）
橋川文三編『近代日本思想大系36 昭和思想集Ⅱ』筑摩書房（一九七八）
松本三之介・山室信一校注『日本近代思想大系10 学問と知識人』岩波書店（一九八八）
松本三之介・山室信一校注『日本近代思想大系11 言論とメディア』岩波書店（一九九〇）
嵐山光三郎『追悼の達人』新潮社（一九九九）
荒俣宏責任編集『知識人99人の死に方――もう一つの戦後史』角川書店（一九九四）
稲村徹元監修『近代作家追悼文集成』ゆまに書房（一九八七～九九）
猪木武徳『文芸にあらわれた日本の近代――社会科学と文学のあいだ』有斐閣（二〇〇四）
岩井寛『作家臨終図会――墓碑銘を訪ねて』徳間書店（一九九一）
岩井寛『週末計画 作家の墓を訪ねよう』同文書院（一九九六）

岩井寛編『作家の臨終・墓碑事典』東京堂出版（一九九七）
江口敏『志に生きる！　昭和傑物伝』清流出版（二〇〇三）
大河内一男・大宅壮一監修『近代日本を創った百人上・下』毎日新聞社（一九六五〜六六）
小田切秀雄『日本文学の百年』東京新聞出版局（一九九八）
開高健編『弔辞大全1・2』青銅社（一九八二〜八三）
カジポン・マルコ・残月『東京・鎌倉有名人お墓お散歩ブック』大和書房（二〇〇五）
上坂冬子編『日本の名随筆 別巻17「遺書」』作品社（一九九七）
川本三郎『小説家たちの休日――昭和文壇実録』文藝春秋（二〇一〇）
川本三郎『郊外の文学誌』岩波書店（二〇一二）
桑原稲敏『往生際の達人』新潮社（一九九八）
合田一道『日本人の遺書――1858-1997』藤原書店（二〇一〇）
斎藤孝『代表的日本人』筑摩書房（二〇〇八）
酒井茂之『一度は訪ねてみたい有名人のお墓――東京・神奈川編』明治書院（二〇〇九）
昭和史研究会『昭和史事典――事件・世相・記録 1923-1983』講談社（一九八四）
篠田達明『日本史有名人の臨終図鑑』新人物往来社（二〇〇九）
島影盟『人間の死に方』白揚社（一九七八）
新人物往来社編『教科書が教えない歴史有名人の死の瞬間』新人物往来社（二〇〇三）
新潮45編集部編『生きるための死に方』新潮社（一九八九）
勢古浩爾『日本人の遺書』洋泉社（二〇〇八）
高木規矩朗『死にざまの昭和史』中央公論新社（二〇〇六）

柘植久慶『最期の言葉――一〇一人の男たちの辞世』太陽出版（二〇〇八）
津田達彦『カリスマたちの遺言――偉大な先人たちは、ここに眠る。』東京書籍（一九九五）
永井荷風『断腸亭日乗』岩波書店（二〇〇一〜〇二）
中川八郎編著『文学散歩作家の墓――明治大正編』一穂社（一九九二）
中村隆英『昭和史』東洋経済新報社（二〇一二）
服部敏良『事典　有名人の死亡診断――近代編』吉川弘文館（二〇一〇）
半藤一利『昭和史――1924-1945』平凡社（二〇〇四）
福田和也『死ぬことを学ぶ』新潮社（二〇一二）
「不滅の弔辞」編集委員会『不滅の弔辞』集英社（一九九八）
古川ロッパ著、滝大作監修『古川ロッパ昭和日記』全四巻、晶文社（一九八七〜八九）
古井風烈子『日本〈死〉人名事典〜作家篇』新人物往来社（一九九七）
保阪正康『昭和史の教訓』朝日新聞社（二〇〇七）
保阪正康『本土決戦幻想――昭和史の大河を往く第7集 オリンピック作戦編』毎日新聞社（二〇〇九）
松本三之介『明治精神の構造』岩波書店（二〇一二）
村越知世『多磨霊園』東京都公園協会（一九八一）
矢島裕紀彦『あの人はどこで死んだか――死に場所から人生が見える』主婦の友社（一九九六）
山田風太郎『人間臨終図巻1〜4』徳間書店（二〇一一）
渡辺富美雄他編『日本人物話題事典』ぎょうせい（一九九七）

田河水泡・高見澤潤子『のらくろ一代記――田河水泡自叙伝』日本図書センター（一九九一）
小松左京『学問の世界 碩学に聞く 共同研究「大正時代」』城西国際大学出版会（二〇一〇）
岸田今日子他『わたしはだれ？――櫻となって踊りけり』集英社（二〇〇〇）
かきあげこ編『ルパン三世よ永遠に――山田康雄メモリアル』徳間書店（二〇〇二）
東野英心『私説 父《オド》物語――新劇運動から「水戸黄門」まで〝東野英治郎の堂々役者気質〟』サリュート（一九九六）
紀田順一郎『乱歩彷徨――なぜ読み継がれるのか』春風社（二〇一一）
藤倉四郎『銭形平次の心――野村胡堂あらえびす伝』文藝春秋（一九九五）
藤倉四郎『カタクリの群れ咲く頃の――野村胡堂・あらえびす夫人ハナ』青蛙房（一九九九）
『吉川英治全集』講談社（一九六六～七四）
吉川英明『父吉川英治』学習研究社（二〇〇三）
谷口吉郎編『記念碑散歩』文藝春秋（一九七九）
徳川夢声『いろは交遊録』ネット武蔵野（二〇〇四）
濱田研吾『徳川夢声と出会った』晶文社（二〇〇三）
三国一朗『徳川夢声の世界』青蛙房（一九七九）
渡辺澄子『与謝野晶子』新典社（一九九八）
堀多恵子『来し方の記・辰雄の思い出』花曜社（一九八五）
堀多恵子『堀辰雄の周辺』角川書店（一九九六）
『向田邦子全集』文藝春秋（一九八七～二〇一〇）
図録『「向田邦子の魅力」展』かごしま近代文学館（一九九九）
井上謙・神谷忠孝編『向田邦子鑑賞事典』翰林書房（二〇〇〇）

太田光『向田邦子の陽射し』文藝春秋（二〇一一）
野田高梧『シナリオ構造論』宝文館出版（一九六九）
ドナルド・リチー著、山本喜久男訳『小津安二郎の美学』フィルムアート社（一九七八）
佐藤忠男『日本映画史1〜4巻』岩波書店（一九九五）
『菊池寛全集補巻1〜5』武蔵野書房（一九九九〜二〇〇三）
大山康晴著、天狗太郎編『棋風堂堂――将棋と歩んだ六十九年間の軌跡』PHP研究所（一九九二）

――第二章

内村鑑三『代表的日本人』岩波書店（一九九五）
無教会史研究会編『無教会キリスト教信仰を生きた人びと――内村鑑三の系譜』新地書房（一九八四）
鈴木範久編『内村鑑三選集』岩波書店（一九九〇）
安藝基雄『晩年の内村鑑三』岩波書店（一九九七）
新渡戸稲造『武士道』岩波書店（一九三八）
矢内原忠雄『内村鑑三と新渡戸稲造』日産書房（一九四八）
丸山真男・福田歓一『回想の南原繁』岩波書店（一九七五）
加藤節『南原繁――近代日本と知識人』岩波書店（一九九七）
矢内原伊作『矢内原忠雄伝』みすず書房（一九九八）
鴨下重彦編『現代に求められる教養を問う――新渡戸稲造、南原繁、矢内原忠雄、吉田富三に学ぶ』to be 出版（二〇〇五）
玉木英彦・江沢洋編『仁科芳雄――日本の原子科学の曙』みすず書房（一九九一）

松井巻之助編『回想の朝永振一郎』みすず書房（一九八〇）
『朝永振一郎著作集』みすず書房（一九八一～八五）
大賀一郎『大賀一郎――ハスと共に六十年』日本図書センター（一九九九）
野口忠直『古い壺に新しい酒を――わがまち府中』ネット武蔵野（二〇一一）
鈴木梅太郎博士顕彰会他編『鈴木梅太郎先生伝』朝倉書店（一九六七）
鈴木梅太郎『伝記叢書315 研究の回顧――伝記・鈴木梅太郎』大空社（一九九八）
大村喜吉『斎藤秀三郎伝――その生涯と業績』吾妻書房（一九六〇）
竹下和男『英語天才　斎藤秀三郎――英語教育再生のために、今あらためて業績を辿る』日外アソシエーツ（二〇一一）
中丸美繪『嬉遊曲、鳴りやまず――斎藤秀雄の生涯』新潮社（二〇〇二）
小澤征爾他編『斎藤秀雄講義録』白水社（二〇〇五）
小澤征爾『小澤征爾指揮者を語る――音楽と表現』ＰＨＰ研究所（二〇一二）
日本音楽教育学会編『日本音楽教育事典』音楽之友社（二〇〇四）
江利川春雄『受験英語と日本人――入試問題と参考書からみる英語学習史』研究社（二〇一一）
岡本太郎『一平　かの子――心に生きる凄い父母』チクマ秀版社（一九九五）
清水勲編『岡本一平漫画漫文集』岩波書店（一九九五）
井深精神文化継承研究会編『天衣無縫の創造家――井深大語録』ソニー・マガジンズ（一九九四）
高橋団吉『新幹線をつくった男――島秀雄物語』小学館（二〇〇〇）

――第三章

武者小路実篤他『梅原龍三郎』三彩社（一九七〇）

『日本の名画18 梅原龍三郎』中央公論社（一九七七）
岸田麗子『父岸田劉生』雪華社（一九六二）
『日本の名画21 岸田劉生』中央公論社（一九七五）
松本清張『岸田劉生晩景』新潮社（一九八〇）
座右宝刊行会編集制作『現代日本の美術第1巻 下村観山・川合玉堂』集英社（一九七六）
図録『川合玉堂展』富山県水墨美術館（二〇〇二）
下村英時『下村観山伝』大日本絵画（一九八一）
村松梢風『本朝画人伝巻四』中央公論社（一九八五）
村松梢風『本朝画人伝巻五』中央公論社（一九八五）
藪田義雄『評伝北原白秋』玉川大学出版部（一九七三）
川本三郎『白秋望景』新書館（二〇一二）
町田等監修『定本中山晋平――唄とロマンに生きた全生涯』郷土出版社（一九八七）
和田登『唄の旅人　中山晋平』岩波書店（二〇一〇）
ディック・ミネ『八方破れ言いたい放題――著名人69人を俎上にのせて悪口雑言メッタ斬り』政界往来社（一九八五）
ディック・ミネ『あばよなんて、まっぴらさ！――歌も女も、生涯現役』東都書房（一九八六）
小坂一也『メイド・イン・オキュパイド・ジャパン』河出書房新社（一九九〇）
ジョージ川口『人生は4ビート！――ジョージ川口自伝』文化出版局（一九八二）
ジョージ川口『ドラム・ソロは終わらない――私の履歴書』日経事業出版社（一九九五）
池内紀他編『川田晴久読本――地球の上に朝がくる』中央公論社（二〇〇三）
巌谷大四『波の跫音――巌谷小波伝』新潮社（一九七四）

『倉橋惣三選集』フレーベル館（一九九一～九六）
森上史朗『子どもに生きた人・倉橋惣三――その生涯・思想・保育・教育』フレーベル館（一九九三）
中村元『仏典のことば――現代に呼びかける知慧』サイマル出版会（一九八九）
白川静・中村元・梅棹忠夫・梅原猛『知の越境者』日本経済新聞出版社（二〇〇七）
宇井伯壽『インド哲学から仏教へ』岩波書店（一九七六）
東方学会編『東方学回想4 先学を語る』刀水書房（二〇〇〇）

――第四章

岩井忠熊『西園寺公望　最後の元老』岩波書店（二〇〇三）
高橋是清『立身の経路』日本図書センター（一九九九）
御厨貴監修『歴代総理大臣伝記叢書7・12巻』ゆまに書房（二〇〇六・一二）
田澤晴子『吉野作造――人世に逆境はない』ミネルヴァ書房（二〇〇六）
松本三之介『近代日本の思想家11 吉野作造』東京大学出版会（二〇〇八）
古川江里子『美濃部達吉と吉野作造――大正デモクラシーを導いた帝大教授』山川出版社（二〇一一）
新人物往来社編『東郷平八郎のすべて』新人物往来社（一九八六）
佐藤国雄『東郷平八郎・元帥の晩年』朝日新聞社（一九九〇）
新人物往来社編『山本五十六のすべて』新人物往来社（一九八五）
田中宏巳『山本五十六』吉川弘文館（二〇一〇）
山本義正『父山本五十六』恒文社（二〇一一）
井出孫六『抵抗の新聞人　桐生悠々』岩波書店（一九八〇）

風間道太郎『尾崎秀実伝』法政大学出版局（一九六八）
尾崎秀樹編『回想の尾崎秀実』勁草書房（一九七九）
太田尚樹『赤い諜報員ゾルゲ、尾崎秀実、そしてスメドレー』講談社（二〇〇七）
相馬黒光『相馬黒光 黙移』日本図書センター（一九九七）
山本藤枝『アンビシャス・ガール～相馬黒光～』集英社（一九八三）
宇佐美承『新宿中村屋　相馬黒光』集英社（一九九七）
森まゆみ『明治快女伝　わたしはわたしよ』労働旬報社（一九九六）
中島岳志『中村屋のボース　インド独立運動と近代日本のアジア主義』白水社（二〇〇五）
樋口哲子『父ボース――追憶のなかのアジアと日本』白水社（二〇〇八）
相馬安雄他『アジアのめざめ――ラス・ビハリ・ボース伝』書肆心水（二〇一一）
『大岡昇平全集』筑摩書房（一九九四～九六）
『作家の自伝59 大岡昇平』日本図書センター（一九九七）
『三島由紀夫全集』新潮社（二〇〇〇～〇五）
伊藤勝彦『最後のロマンティーク　三島由紀夫』新曜社（二〇〇六）
「NHKあの人に会いたい」刊行委員会『あの人に会いたい』新潮社（二〇〇八）
「プレジデント」一九九八年四月号　プレジデント社
「文藝春秋」一九七三年二月号、二〇〇一年二月号、二〇〇二年一月号、二〇〇八年二月号　文藝春秋
※なお、「歴史が眠る多磨霊園」など、インターネットのいくつかのサイトを参考にさせていただいたことを付記しておきます。

［著者紹介］

立元幸治（たちもと こうじ）

一九六〇年九州大学卒業後、ＮＨＫに入局。主に教養系番組の制作に携わり、チーフ・プロデューサー、部長、局長、審議委員などを務める。主な制作番組に、「情報と現代」「近世日本の私塾」「明治精神の構造」「日本の政治文化」などがある。ＮＨＫ退職後、九州産業大学、東和大学などで「メディア論」や「現代社会論」などの講義と研究に携わり、現在は主に執筆講演活動を展開している。著書に『転換期のメディア環境』（福村出版）『こころの出家』（筑摩書房）『器量と人望』（ＰＨＰ研究所）『貝原益軒に学ぶ』（三笠書房）などがある。

東京多磨霊園物語
時代を彩ったあの人びとに出会う

２０１３年９月30日　初版第１刷発行
２０１４年６月６日　初版第３刷発行

著　者　立元幸治
発行者　石井昭男
発行所　株式会社 明石書店
１０１-００２１東京都千代田区外神田６-９-５
電　話　０３-５８１８-１１７１
ＦＡＸ　０３-５８１８-１１７４
振　替　００１００-７-２４５０５
http://www.akashi.co.jp

装丁　明石書店デザイン室
印刷・製本　モリモト印刷株式会社

ISBN978-4-7503-3899-6
（定価はカバーに表示してあります）